最速で稼げる
投資家になる!

株「常勝」トレーダー100の教え

二階堂重人

電波社
denpa

はじめに

「このテクニカル指標で儲けられるのか？」

「このトレード手法で儲けられるのか？」

株式投資や株トレードの勉強を始めると、様々な疑問が出てきます。その多くは、「儲けられるか、儲けられないか」といった疑問です。

この答えを得る（知る）には、勉強をし（知識を深め）、仮説を立て、検証しなければなりません。かなりの時間と労力を必要とします。

しかし、得られる答えのほとんどは、「儲けられない」という厳しいものです。

仕方なしに、また次の疑問の答えを求めて勉強をし、仮説を立て、検証をします。

株トレードで儲けようとする者はこの繰り返しをするわけですが、これほど努力しても、それが必ず報われるわけではありません。

儲けられるようになるとはかぎらないわけです。

そうこうしている間にも、儲けるチャンスは過ぎ去っていきます。

「あと一歩、なにか気付きがあれば……」

そう思いながら、損失が膨らんでいくこともあります。

そのような状態から脱し、なるべく早く、そして、確実に儲けられる方法を見つけるには、どうしたらいいのでしょう。

それは、実際に株で儲けている投資家やトレーダーに聞くことです。

「このテクニカル指標で儲けられるのか?」

「このトレード手法で儲けられるのか?」

といった疑問を、儲けている投資家やトレーダーに質問し、答えを教えてもらうわけです。

そのほうが早いし、確実です。

本書は、株トレードの様々な疑問に対して、18年間、勝ち続けている私が答える形式になっています。

最後まで読めば、株式投資や株トレードのスキルが必ず上がるはずです。

そして、何を勉強すれば株で儲けられるようになるのか、何をどうすれば株で儲けられるようになるのか、がわかるはずです。

そのような作りにしました。

私自身、もう何十冊もの株本を書いているので、読んだだけで株のスキルを上げる書き方くらいはできます。

ほとんどのことについてはきちんと書いていますが、いくつか「これ以上は明かせない」という箇所もあります。

そこは、正直に「詳しくは書けませんが」と前置きをしています。

「なんだ、重要なことは明かさないのか。二階堂は器の小さい人間だ」と思っているようでは、儲けられる投資家やトレーダーにはなれません。

明かせないのには理由があります。

そこを掘り下げれば、どうなるのか。賢い方なら、もうわかっていることでしょう。

今までの「二階堂本」と違います。

もう道に迷うことはありません。

もう回り道をすることもありません。

近道はしっかりと書きました。

最短、最速で稼げる投資家・トレーダーになれることでしょう。

二階堂重人

最速で稼げる投資家になる！　株「常勝」トレーダー100の教え　もくじ

一生相場で稼ぎ続ける！　株究極の45問〈初級編〉

一生相場で稼ぎ続ける！　株究極の38問〈中級編〉

一生相場で稼ぎ続ける！ 株究極の17問〈上級編〉

編集協力／野口英明
装　幀／尾形　忍（Sparrow Design）

※本書は、著者の売買体験に基づいた投資テクニックを解説したものです。個人の投資結果を保証するものではありません。

一生相場で稼ぎ続ける！

株究極の45問〈初級編〉

Q1 株トレード・株式投資の必勝法はあるのか？

「必勝法」はあるかもしれませんが、私自身は手にしていません。

「攻略法」は手にしています。

必勝法ということは、必ず勝てる手法ということになります。「必ず」です。誰が使っても、「必ず勝てる」手法です。

私自身、必ず勝てる手法は持っていません。ただ、**かぎりなく必勝法に近い、攻略法といえる手法は持っています。極めて高い確率で利益を出すことができます。**

「極めて高い確率なら、必勝法といえるのではないのか」

と思った方もいることでしょう。

しかし、そうとはいえません。

なぜなら、「裁量」の部分があるからです。銘柄選びや買うタイミングの大雑把な基準はありますす。しかし、細かな部分は裁量になります。過去の経験を基に裁量で決めているわけです。

そのため、あなたがこの手法を使っても、私と同じように儲けられるとはかぎりません。儲けられる確率はかなり高くなると思いますが、必ず儲けられるとは言い切れないわけです。だから、必勝法ではなく、攻略法なのです。

読者の皆さんが必勝法を作ろうとするとかなり大変だと思います。**必勝法にこだわらず、攻略法を作るようにしたほうがいいでしょう。攻略法でも十分儲けられます。**

まずは、手法作りから始めてください。手法の作り方は224ページで説明しているので、そちらを参考にしてください。

ちなみに、私の「かぎりなく必勝法に近い攻略法」は、今後、株式市場のシステムになんらかの大きな変革がないかぎり、継続的に利益を得られると思います。このくらいの攻略法を持っていれば、株トレードで一財産、築けます。

必勝法を作ろうとするとかなり大変である。必勝法にこだわらず、攻略法を作るようにする。

攻略法でも十分に稼げる

児玉化学工業（東証2部4222）5分足チャート

Q2 努力すれば株トレード・株式投資で儲けられるようになるのか？

残念ながら、努力すれば儲けられるようになるとはかぎりません。

「努力すれば儲けられるようになる」というほど株トレード・株式投資は甘くないわけです。

もし、努力すれば必ず儲けられるようになるのであれば、株トレード・株式投資の勉強をした人のほとんどは儲けられるようになるはずです。

しかし、実際は勉強して儲けられるようになる人はごく一部です。

10年以上も株トレード・株式投資の勉強をしているが儲けられるようにならない、という人はたくさんいるはずです。

では、努力は無駄なのでしょうか。

結局、トレードや投資のセンスがなければ、儲けられるようにならないのでしょうか。

そんなことはありません。

努力は必要です。努力なしで儲けられるようになる人はごく一部だと思います。ですから、株トレード・株式投資で儲けられるようになりたいのであれば、努力するべきです。

自分でいうのもなんですが、私自身も努力をしました。

なぜか、株式投資を始めたばかりのとき、「努力すれば儲けられるようになるな」「努力すれば、これで食える（生計を立てられる）」と思いました。なんの根拠もなく、ただ漠然とそう思ったのです。

そして、**努力を積み重ね、あるとき、スーッと霧が晴れたようになり、「株で儲けるにはこうすればいいのか」というのがわかるようになりました。**

それからさらに努力を重ねた結果、どのような相場でも利益を出せるようになりました。

あなたも株トレード・株式投資で儲けられるようになりたかったら、努力を惜しまないことです。精神論を唱えるつもりはありませんが、やはり努力は必要です。

株トレード・株式投資は、努力すれば儲けられるようになるとはかぎらない。
株トレード・株式投資で儲けられるようになりたいのであれば、努力するべき。

Q3 何をきっかけに儲けられるようになるのか？

「気付き」がきっかけになるはずです。

「こうすれば儲けられる」ということに、気付くか、気付かないかがポイントになります。

おそらく、株トレードや株式投資で長期間、コンスタントに利益を得ている人は、なんらかの「気付き」があったはずです。それを基に「トレード手法」を作り上げた、または、**「成功パターン」を特定してそのパターンをメインにトレードしている**ことでしょう。

「気付き」があるか、ないかは、大袈裟に思うかもしれませんが、ある意味、人生の分かれ道だと思っています。「こうすれば儲けられる」ということに気付いた人は、株で儲けられる人生を歩める確率が高くなります。逆に、気付かない人は、株で儲けられる人生を歩める確率が低いままです。

どんなに努力しても、「気付き」がないと儲けられるようになりません。

努力するということは、この「気付き」の確率を上げることなのです。

少ししか勉強しないのと、たくさん勉強するのとでは、「気付き」の確率が違います。当然、たくさん勉強したほうが、確率は高いわけです。

だから、努力したほうがいいといったわけです。

そして、努力するとき（株のことを勉強するとき）は、「気付き」を意識してください。がむしゃらに勉強していても駄目。常に、「気付き」を意識して勉強しましょう。寝る時間を削って株の勉強をしても、「気付き」がないと無駄になってしまう可能性があるわけです。

「努力しても、なにかに気付く自信がない」

そう思った方もたくさんいることでしょう。

断言はできませんが、**たいがいの人は努力すれば、「気付き」があるはず**です。

では、「気付き」とは具体的にどのようなことなのか。

これについては、この後で説明します。


儲けられるようになるきっかけは「気付き」。努力するということは、「気付き」の確率を上げること。

「気付き」を基にして「手法」を作る

気付き　ストップ高の翌日は値上がりする確率が高い

↓

手　法　ストップ高直前で買って、翌日の寄り付きで売る

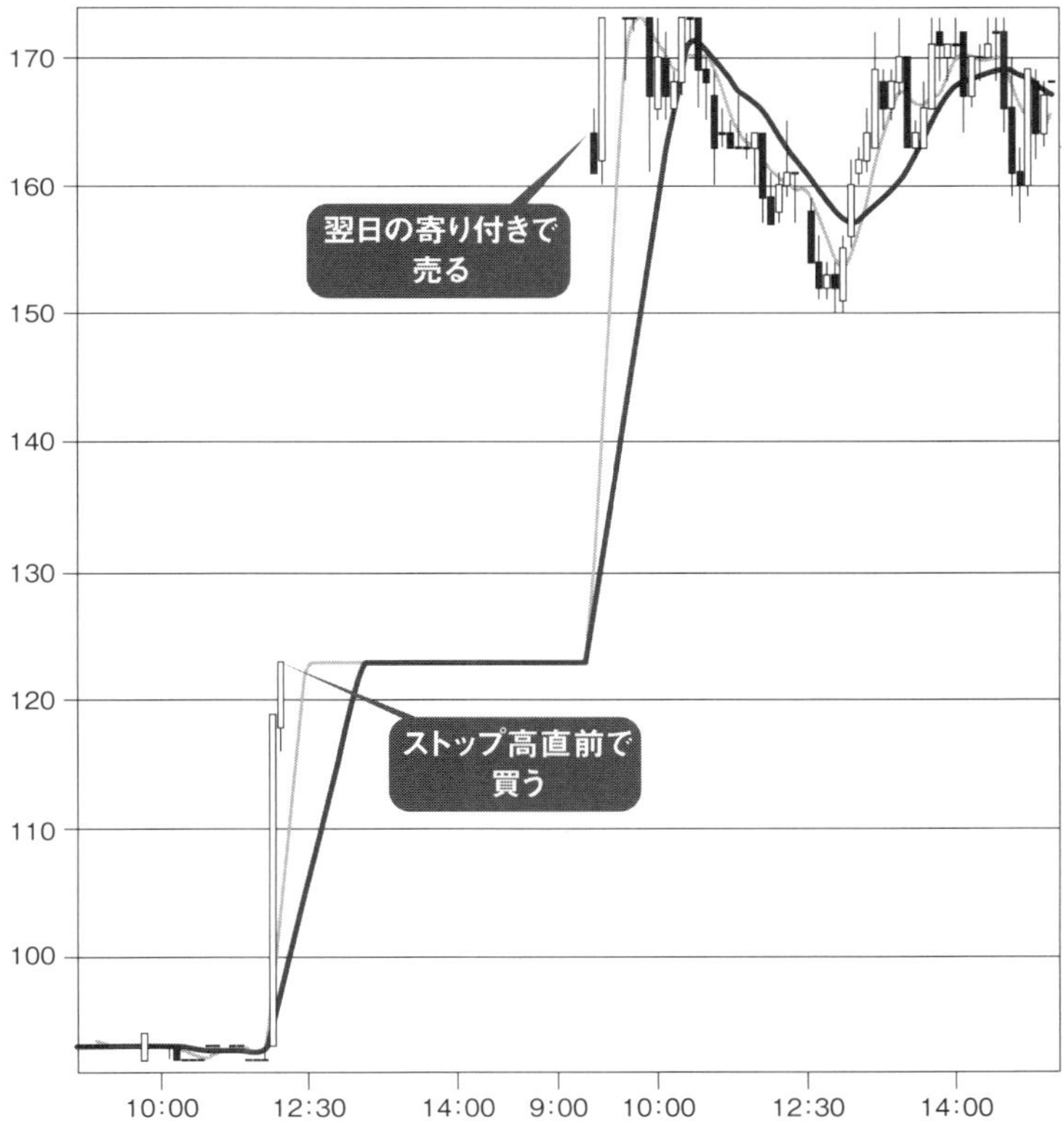

Q４　具体的に何を努力すれば儲けられるようになるのか？

「勉強する」「仮説を立てる」「検証する」を繰り返します。

19ページで、「株トレード・株式投資で儲けられるようになりたいのであれば、努力するべき」と述べました。

努力が必要なことはなんとなく伝わったと思いますが、具体的にどのような努力をすればよいのかわかった人はほとんどいないでしょう。

「何をどのように努力すればよいのか」がわからないと、努力のしようがないはずです。

また、「儲けられるようになる」ということに繋がらないことを一生懸命に努力してしまい、その結果、一生、儲けられるようにならない、または、儲けられるようになったとしても、かなり遠回りしてしまうということもあり得ます。

そうならないためにも、何をどのように努力すればよいのかを、しっかりと理解しておく必要があるわけです。

私の場合は、手当たり次第に勉強し、仮説を立て、検証しました。

1　勉強する（知識を身に付ける）

2　仮説を立てる（こうすれば利益が出るのでは？）

3　検証する（実際に利益が出るかを調べる）

この3つを繰り返してきたわけです。

たとえば、「ストキャスティクス（テクニカル指標の1つ。138ページ参照）」で儲けられるのかという疑問を抱いたら、まずは、ストキャスティクスについて勉強します。そして、ストキャスティクスの特徴を理解した上で、利益を出せそうなトレードタイミングを考えます。最後に、そのタイミングで儲けられるのかどうかを検証するわけです。

このようなステップで、努力してきたわけです。

もちろん、先にも述べた通り、努力をすれば必ず儲けられるようになるというわけではありません。

しかし、努力しなければ、いつまで経っても儲けられるようにならないでしょう。

勉強する、仮説を立てる、検証するを繰り返す。

Q5 トレードや投資のセンスがなければ、儲けられるようにならないのか？

センスがなくても儲けられるようになります。

たしかに、センスがある人のほうが早く儲けられるようになります。センスはあったほうがいいでしょう。

株トレードの知識がほとんどないのにデイトレードを始め、わずか1ヵ月間で儲けられるようになった人を知っています。いきなり実戦で学んだわけです。

話を聞いたところ、**「デイトレードに適した銘柄を探すのが上手い」「逃げ方（ロスカット）が上手い」**と感じました。感性で、**「デイトレードに適しているのはこういった銘柄」「こういったときは逃げたほうがいい」**とわかったようです。

しかし、その人がまったく努力をしなかったわけではありません。大引け後にデイトレードの勉強をしたそうです。

センスがある人でも努力は必要。ただ、センスがある分、努力する時間（期間）が短くてよいわけです。

私自身、センスがあるとは思っていません。だから、センスがなくても儲けられるようになると思っています。

センスがない分を努力で補えばよいわけです。

なんだか、精神論のようになってしまいましたが、これが本音です。

「センスがないから株式投資や株トレードをしない」という人がいますが、それは言い訳だと思います。本音としては、リスクを取りたくないのでしょう。

あなた自身は、「センスがあるとか、ないとか」「センスがないと儲けられない」などと考えなくていいと思います。

考えたり、悩んでいても、どうにもなりません。株で儲けたいと思ったら、ひたすら努力するだけです。

センスがある人のほうが早く儲けられるようになる。センスがなくても儲けられるようになる。センスがない分を努力で補えばよい。

Q6 株の入門書は読んだほうがよいのか？

読んだほうがいいです。読むべきです。

最近、株の入門書を読まずに、ネットの情報だけを読んで、株トレードや株式投資を始める人が多いようです。

それでも、取引は問題なく始められます。

しかし、株の入門書は読んだほうがいいでしょう。

株の入門書は、株取引の基本について、しっかりとまとめられています。

もし、私の子供が「株トレードか株式投資を始めたい」といったら、「まず、株の入門書を3冊読みなさい」といいます（私の子供は2人とも小学校の低学年なので、まだ株のことなどまったくわかりませんが）。

別に、2冊でも、4冊でもかまわないのですが、ようは、「基本をしっかりと学びなさい」ということです。

基本をしっかりと学んだ上で、儲けられる方法を探してください。

私自身、数年前までは「株の入門書などもう必要ない」と考えていました。「入門書から得られるものは、もう何もない。読むのは時間の無駄」と思ったからです。

しかし、最近はときどき読み返しています。

希にですが、「新たな気付き」があります。先にも述べたとおり、株トレードや株式投資では、こういった「気付き」が大切なのです。

難しい手法を使わなくても、入門書に書かれていることに「少し工夫」を加えれば、儲けられる手法はできます。

もし、あなたが入門書を読んでいないのなら、本書を読み終えた後、入門書を読むべきです。

また、最近、読んでいないのなら、読み返してみましょう。

株の入門書を読んで、基本をしっかりと学んだほうがいい。入門書を読み返すと、「新たな気付き」がある。

Q7 新聞を読めば株で儲けられるのか？

儲けられるのかもしれませんが、けっこう難しいでしょう。

読者の中にも、「株で儲けたい」という理由から、一生懸命に新聞を読んでいる方がいるはずです。

私自身、株式投資を始めたとき、同じ理由で新聞を必死になって読みました。主に、日本経済新聞（日本経済新聞社発行）です。

それで、結果はどうだったのかというと、儲かったり、儲からなかったりです。トータルの収支は、正直、よくわかりません。新聞を読んだことで儲かったという実感がないわけです。

新聞を読んで、それを株式投資や株トレードに結びつけるということは、以下の通りです。

1　好材料が出た銘柄を買う

2　先の見通しで値上がりしそうな銘柄を買う

「1」は、好決算が発表されたり、新製品が開発されたりし、株価が上がった銘柄を買います。そして、さらなる値上がりを期待するわけです。

「2」は、新聞に書かれていることを基に、「将来的に収益が伸びるだろう」という銘柄を見極めます。好材料が出る銘柄を予測し、先回りして買うというわけです。「1」のほうは、すでに材料が株価に織り込まれていることがあります。この場合、発表後、すぐに値下がりすることもあります。

「2」のほうは、予測が必要であり、その予測通りに行かないと儲けられません。知識、センス、先を見通す力がかなり必要です。

私の場合、現在は**新聞を読んで、その情報を基にトレードすることはありません。理由は、「難しいから」**ということと、**「労力の割には得られる利益が少ないから」**です。

もっと簡単に儲けられる方法はあります。また、もっと少ない労力で大きな利益を得られる方法もあります。そのため、あえて、「新聞によるネタ探し」のトレードはしていないわけです。

新聞を読めば株で儲けられるかもしれないが、けっこう難しい。労力の割には得られる利益が少ない。

Q8 ファンダメンタルズとテクニカルはどちらがよいのか?

どちらともいえません。

株の売買に対するスタンス（投資か、トレードか）で大きく分かれると思います。

● **株式投資の場合――ファンダメンタルズ分析中心**

● **株トレードの場合――テクニカル分析中心**

株式投資の場合、一時の（または目先の）わずかな利益よりも、**先々の大きな利益（または継続的な利益）を狙う**ことが多いので、ファンダメンタルズ分析で相場や個々銘柄をしっかりと分析したほうがいいでしょう。

株トレードの場合、**目先の利益が大事**になってくるので、ファンダメンタルズ分析による将来的な見通しはあまり意味がありません。

極端な話、数秒後に、数分後に、数日後に値上がりするのか、値下がりするのかといった分析が必要です。それには、ファンダメンタルズ分析よりもテクニカル分析のほうが適しています。

デイトレードをファンダメンタルズ分析でしている人はいないでしょう（いるかもしれませ

んが、ごく少数だと思います)。

デイトレードはテクニカル分析のほうが合っています。

たぶん、株の勉強を始めると、「自分は、ファンダメンタルズ分析とテクニカル分析のどちらで売買すればよいのか、どちらを勉強すればよいのか」と迷うはずです。

初めは、どちらも勉強したほうがいいでしょう。どちらが自分に合っているかわからないので、まずはどちらも勉強します。勉強していくにつれて、どちらが自分に合っているかわかってくると思います。

私も初めはどちらも勉強しました。そして、ファンダメンタルズ分析から始めました。その後、チャートの魅力に惹かれ、テクニカル分析をメインにしたトレードに切り替えました。

株式投資の場合はファンダメンタルズ中心。
株トレードの場合はテクニカル中心。

Q9　株式の配当で儲けられるのか？

儲けられます。

ただし、必ずというわけではありません。

私自身、（現在は）株式の配当で儲けようとは思っていません。

株式を持つと、配当が得られます（無配でなければ）。配当とは、企業が得た利益の一部を株主へ支払うものです。インカムゲインです。

配当を得られれば、損をすることはないように思えます。

しかし、株を買うわけですから、その株が値下がりして損をするリスクがあります。

配当で儲けたが、株価の値下がりで損をした（または含み損が出ていて、損をする可能性がある）ということはよくあることです。

たとえば、「配当で3万円得たが、株価が値下がりしているので、10万円の評価損になっている」という状況です。

相場がよいとき（高いとき）に株を買うと、このような状況になることが多いです。

配当目的で株を買うのであれば、相場が悪いときに少しずつ買い集めるほうがいいでしょう。

そうすれば、インカムゲインで儲けられ、キャピタルゲインでも儲けられるという可能性が高くなります。

配当目的の方もチャートについて勉強し、なるべく「低い位置」で株を買うようにしましょう。

私自身、将来的には配当目的で株を買い集め、保有しようと思っています。ただ、トレードで稼げるうちはそれほどこだわらなくていいと思っています。

配当で得られる利益よりも、トレードで得られる利益のほうがはるかに大きいからです。

株式の配当で儲けても、株価の値下がりで損をすることがある。配当目的でもチャートについて勉強し、なるべく「低い位置」で株を買うようにする。

Q10　配当狙いではどのような銘柄を買えばよいのか？

この答えは、難しいです。一般的には、以下の条件を満たす銘柄です。

- **株価に対して配当が高い（利回りが高い）**
- **業績が安定している**

しかし、先にも述べた通り、配当を得ても、株価の下落で含み損が出てしまっては意味がありません。

かつて、配当狙いで人気があった銘柄は、電力株です。公共性が高く、収益が安定していたからです。「生活において電力（電気）は欠かせない。なので、需要は高い。その需要は続く。だから、電力会社の収益は安定し、その安定は続く」と考えられていました。また、配当利回りも高いほうでした。電力株は、「配当狙いで安心して持てる株」だったのです。雑誌で「優良株」として推されることも多かったようです。

電力株の中で最も人気があった銘柄は、東京電力（東証1部9501）です。多くの投資家が配当狙いで株を買い、持ち続けていたはずです。

しかし、現在はどうでしょうか。

現在でも、電力の需要は変わりありませんが、東京電力の株を「安心して持てる株」とはいえません。配当狙いで買う人も少ないでしょう。なにしろ、無配ですから。株価も大きく値下がりしてしまいました。

これは極端な例ですが、状況が一変する可能性は少なからずあるわけです。ここが配当狙いの難しいところです。

「そんなことといっていたら、配当狙いで株が買えない」と思うことでしょう。

たしかに、そうなってしまいます。絶対はないので、リスクを極力抑えるくらいしか手はありません。買うのであれば、**「株価に対して配当が高い」「業績が安定している」**だけでなく、**「株価の位置が高くない」**という条件も加えたほうがいいでしょう。

「株価に対して配当が高い」「業績が安定している」だけでなく、「株価の位置が高くない」という条件も重要。

Q11 株式評論家の推奨銘柄で儲けられるのか？

儲けられるときもあれば、損をするときもあるでしょう。

運次第、相場次第ということになります。

雑誌に株式評論家の推奨銘柄が掲載されていることがあります。何人もいる株式評論家の、いくつもある推奨銘柄の中からどれを選ぶかによって、儲けられるか損をするか分かれることでしょう。

運次第ということです。

また、**推奨銘柄の結果は相場全体の動きに左右されます。**相場全体がよければ、推奨銘柄のほとんどは値上がりします。

私自身、推奨銘柄を取り上げた単行本を出そうとしたことがあります。しかし、そのとき、相場が悪かったため、本の企画が通りませんでした。出版社が弱腰になっていたのです。

その本で取り上げようと思っていたのは、「私がこのタイミングで買えば儲かる確率が高いと思った30銘柄」です。

その後、この30銘柄の株価はどうなったかというと、すべて値上がりしました。30銘柄すべて、です。

選んだのは低位株中心だったため、大化けした銘柄もあります。株価が5倍以上になった銘柄もありました。

これは、アベノミクスで相場全体が上昇したためです。私の実力の「部分」はどのくらいなのか、よくわかりません。

もし、この本が出ていれば、「推奨銘柄の勝率100%」だったので、少し残念です。

このことからもわかるように、**推奨銘柄の結果は相場全体の動きに左右されることが多いのです。いつ買うかで、儲けられるかどうか分かれるでしょう。**

私自身、「株式投資や株トレードは、他人に頼らず、自力で儲けられるようになるべき」という考えを持っています。

株式評論家の推奨銘柄で儲けられるかどうかは、運次第、相場次第。

Q12 株主優待は得なのか？

株を持っていればもらえるので、得です。

しかし、株価の値下がりに注意が必要です。

株主優待とは、企業が株主に対して、商品やサービスで利益を還元すること。商品やサービスは企業によって異なります。主に、自社製品、割引券、商品券などを贈ります。

株主優待狙いで株を買う場合、「株価の値下がり」「売買手数料」「逆日歩」に注意しなければなりません。「株主優待で3000円分のクオカードをもらったが、株価が値下がりして1万円損した」ということもよくあります。

値下がりのリスクは、株を買うと同時にカラ売り（信用取引の新規売り建て）をすれば、回避できます。「両建て」にするわけです。

● 現物株を買う

● 同時にカラ売りをする（買いと同じ株数）

たとえば、株価500円で買うと同時に、500円でカラ売りします。こうすれば、株価が値下がりして、買った株に含み損が出ても、その分、カラ売りで含み益が出ます。ただし、この場合、カラ売りの分の売買手数料が余計に掛かるので、手数料が安いプランで売買することが重要です。

もちろん、**株を持つのは、「権利付き最終日」だけです。この翌日には、買いとカラ売りを同時に決済します。**私も以前、株主優待を目当てで株を買っていたことがあります。たとえば、オリエンタルランド（東証1部4661）の株を持ち、「ディズニーランド1Dayパスポート券」をもらいました。そのほか、クオカードや図書券のような金券をもらい、使わない分を金券ショップで換金していました。

最近はほとんど、株主優待目当てで株を買っていません。「面倒だ」「トレードで十分に儲けられる」からです。ただ、**得なので、またやってみようという気はあります。**

株主優待狙いで株を買う場合、「株価の値下がり」「売買手数料」「逆日歩」に注意する。
「現物株を買う」「同時にカラ売りをする（買いと同じ株数）」という売買で、株価値下がりのリスクを回避する。

Q13 勘で買っていては儲けられないのか？

儲けられないわけではありません。

ただし、運や相場に左右されるでしょう。**上昇相場なら勘で買っても、かなりの確率で儲けられるはずです。**しかし、**下落相場（下降相場）や保ち合い相場で儲け続けるのは、難しいでしょう。**

とくに、**下落相場では、よほど運が良くないかぎり、損する確率のほうが高いはずです。**

初心者の場合、勘で買うことが多いと思います。「この銘柄がいい」「今、買おう」と、根拠なし、または根拠があっても正しいかどうかもわからずに決めたはずです。

株式投資や株トレードについてものすごく勉強し、手法を確立してから始める人は、ほとんどいないと思います。「知っている企業の株だから」「なんとなく値上がりしそうだから」といった理由で買っているはずです。

私も最初は勘で買ったと思います。それで、少し儲かったような記憶があります。

もちろん、現在では勘でトレードすることはありません。

コンスタントに儲ける、どのような相場でも儲けるためには、勘でトレードしていたのでは難しいでしょう。

●銘柄の選び方
●売買タイミングの決め方

これらについて、ある程度、決めておくといった、いわゆる手法を確立することが大切です。

その手法に基づいた上、裁量で決めることは、「勘でトレードする」のと異なります。

もし、あなたが「一時だけ株で儲けられればいい」というのであれば、勘で買っていてもいいでしょう。上昇相場に限定すれば、勘で買っても儲けられます。

しかし、あなたが**「継続的に株で儲けたい」というのであれば、勘で買うという売買から卒業することです**。「手法によるトレード」というワンランク上の売買をするべきです。


勘によるトレードでは下落相場(下降相場)や保ち合い相場で儲け続けることができない。手法を確立することが大切。

Q14 他の投資家・トレーダーの心理を考えると儲けられるのか?

儲けられることもあります。他の投資家・トレーダーの心理を考えると、利益を得やすい局面がわかります。

「利益を得やすい局面」はいくつかあるのですが、その中から2つだけ紹介しておきましょう。

1 他の投資家・トレーダーが含み損の拡大に耐えられなくなったとき

2 他の投資家・トレーダーが「そんなに安いのなら私も買いたい」と思うとき

1つは、含み損の拡大に耐えられなくなって、持ち株を売ったときです。

持ち株に含み損が発生したとき、初めのうちは「まだなんとかなる。もう少し我慢すれば含み損がなくなるかも」と思って、そのままにします。さらに含み損が拡大すると、「どうしよう」と思いますが、まだそのままです。そして、さらに含み損が拡大すると怖くなり、狼狽売りをしてしまいます。含み損の拡大に耐えられなくなって、持ち株を売ってしまうわけです。ここで買うと、高い確率で利益が出ます。

もう1つは、「そんなに安いのなら私も買いたい」と思う投資家・トレーダーが現れそうなときです。株価が短期間で大きく下落すると、割安に思えます。下落した株価を見て、「そんなに安いのなら私も買いたい」という投資家・トレーダーが現れます。その人たちよりも先に株を買い、後から来た「そんなに安いのなら私も買いたい」と思った投資家・トレーダーに少し利益分を上乗せして売りつけます。他の投資家・トレーダーよりも先に買う、というテクニックが必要です。しかし、これさえできれば、高い確率で利益が出ます。

「1」と「2」は、ほぼ同じタイミングになります。「1」は株を持っている人の心理、「2」は株を持っていない人の心理です。心理を読む「対象」が違うだけで、相場の局面は同じです。

そして、この心理はチャートに現れます。**投資家・トレーダーの心理によって株価は変動します。株価の動きはチャートに現れます。だから、チャートを見ていれば、「1」と「2」がどこなのかがわかるのです。**行数がなくなってきたので書いてしまいますが、それは、**「複数の陰線で下落した後に、長い陰線が出たところ」**です。

他の投資家・トレーダーの心理を考えると（読むと）、利益を得やすい局面がわかる。投資家・トレーダーの心理はチャートに現れる。

Q15 証券会社のレーティングを参考にして売買すれば儲けられるのか？

なんともいえません。結局は、相場によるところが大きいと思います。

私はかつて、証券会社のレーティングを参考にして売買し、利益を出していたときがありました。

証券会社のレーティングとは、投資判断（格付け）のことです。市場を分析したり、企業調査をして格付けを行うようです。

投資判断は証券会社によって異なります。格付けの数も異なりますが、概ね、「買い推奨」「保持」「売り推奨」の3つに分けられます。

当然、投資家はレーティングで上位になっている銘柄、またはレーティングを上げた銘柄を買うわけです。

しかし、**レーティングが高くても、株価が必ず上がるとはかぎりません**。また、上がったとしても、継続しないことがあります。

そのため、証券会社のレーティングを参考にして売買すれば、必ず儲けられるというわけではないのです。

それでも、**相場がよいときは、レーティングで上位にしている銘柄やレーティングを上げた銘柄は堅調に推移することが多い**です。結局は、相場によるところが大きいということです。

私自身、証券会社のレーティングを基に投資し、利益を出したことがありますが、それは相場がよかったときの話です。具体的には、ＩＴバブルのときです。レーティングそのものが株価にどのくらい影響したのか、よくわかりません。また、相場が悪いときのレーティングの成績もよくわかりません。

現在、証券会社のレーティングを参考にした売買はしていません。それどころか、レーティングすら見ていません。

もし、あなたがレーティングについて勉強するのであれば、相場がよいときと悪いときの成績を調べてみましょう。

レーティングについて勉強するのであれば、相場がよいときと悪いときの成績を調べてみる。

Q16 優良銘柄を買えば儲けられるのか？

儲けられるとはかぎりません。

儲けられるかどうかは、運次第、相場次第ということになります。

優良株（優良銘柄）の定義ですが、いろいろな考えがあると思いますが、一般的には、「業績がよく、資産内容もよく、知名度が高い銘柄」です。

たとえば、パナソニック（東証1部6752）やトヨタ自動車（東証1部7203）などの銘柄です。株式投資の初心者の場合、このような銘柄に目がいきがちです。これは、「有名だから」という理由からでしょう。しかし、優良株を買えば儲けられるとはかぎりません。**「優良」といった評価の部分は、すでに株価に織り込まれているから**です。**これから優良になるのであれば、株価は大きく値上がりします**が。

相場がよければ、値上がりするでしょう。優良株のよいところは、大きな資金が入ってくることです。機関投資家や外国人投資家が大きな資金で買ってきます。しかし、それは相場がよいときです。

相場が悪ければ、優良株といえども値下がりします。当然、保有していれば、損をする可能性があります。

結局のところ、優良株を買えば儲けられるかどうかは、運次第、相場次第ということになります。私が優良株に投資するとしたら、以下の2つに注意します。

● 株価が高い位置にあるときは買わない

● 相場がよいときだけ保有する

まず、株を買うときですが、チャートを見て、「高い位置にある」と判断したら見送ります。高い位置で買うと、それだけリスクがあるからです。

あと、保有する相場がよいときだけに限定します。相場が悪くなり始めたら、売って利益を確定させます。この2つが守れれば、優良株で儲けられるでしょう。

優良銘柄を買っても、儲けられるとはかぎらない。儲けられるかどうかは、運次第、相場次第。

Q17 分散投資は必要なのか？

大損したくなければ、必要です。

分散投資とは、投資の対象を複数の銘柄や複数の商品とし、リスクを抑えながら、リターンを目指す投資です。

たとえば、ソフトバンク（東証1部9984）だけでなく、トヨタ自動車（東証1部7203）やNTTドコモ（東証1部9437）も持つ、というように、複数の銘柄を保有します。

こうすることで、リスクを分散できます。1つの銘柄が悪材料によって大きく値下がりした場合、その銘柄しか持っていなければ、大きな損失が出てしまいます。しかし、**資金を複数の銘柄に分散しておけば、1銘柄が大きく値下がりしても、大きな損失にはなりません。**

ただ、複数の銘柄に投資することで、リターンも分散してしまうことになります。分散し過ぎると、1銘柄が大きく値上がりしても、資金全体はそれほど増えないこともあります。

資金が少なくて、**リスクを取ってもいいから大きく儲けたいというのであれば、分散投資をしないほうがいい**でしょう。1銘柄に資金を集中させれば、その銘柄が上昇したときに資金が大きく増えます。

もちろんこの場合、値下がり幅が大きいと、資産が大きく減ってしまいます。

私は、株式投資や株トレードをする上で最も大切なのは、**「1回の取引で大きな損失を出さないこと」**だと思っています。資金を1銘柄に集中させると、大きな損失を出す確率が高くなってしまいます。そのため、資金が多い人や、なるべく損をしたくない人は、分散投資をしましょう。

その際、業種は分けるべきです。たとえば、自動車関連銘柄だけに投資するのではなく、医薬品関連銘柄や小売関連銘柄などにも投資するというように、**様々な業種の銘柄に分散しましょう。**また、個別銘柄の株式だけでなく、投資信託や金（Ｇｏｌｄ）などにも分散するといいと思います。

資金が多い人や、なるべく損をしたくない人は、分散投資をすること。
様々な業種の銘柄に分散させること。

Q18 株で儲けるためには信用取引が必要なのか？

絶対に必要というわけではありません。しかし、信用取引を利用したほうが儲けやすくなります。信用取引とは、保証金を担保にして、株の購入代金を借りたり、株を借りたりする取引のこと。信用取引の主なメリットは以下の３つ。

１　保証金の約3倍の取引ができる

２　カラ売りができる

３　1日のうちで何度も信用枠を使い回せる

１つ目のメリットを説明します。たとえば、資金が１００万円だったとします。現物取引では１００万円までしか株を買えません。しかし、信用取引を利用すれば3倍の３００万円まで株を買えます。これは、資金が少ない投資家やトレーダーにとって大きなメリットになります。購入代金が多ければ、それだけ大きな利益を得られる可能性が高くなるからです。

２つ目のメリットを説明します。カラ売りとは、「信用新規売り建て」のこと。信用取引で株を借りて売り、それを後から買い戻す取引です。買いとは逆に、株価が値下がりすると利益が出ます。これを利用すれば、相場が上昇傾向にあるときは買いで、相場が下落傾向にあるときはカラ売りで利益を狙うことができます。株価の上げだけでなく、下げでも利益が狙えるというわけです。どのような相場局面でも、有利なトレードができるようになります。

3つ目のメリットを説明します。かつては、1日のうちで信用枠を使い切ってしまうと、もうその日は信用取引ができませんでした。たとえば、信用枠が300万円だとしたら、1日のうちで300万円分の株を買うと、もうその日は信用取引ができません。買った株を売っても信用枠が回復しないので、信用取引ができないわけです。しかし、現在では1日のうちで何度も信用枠を使い回せます。

たとえば、信用枠が300万円だとします。1日のうちで300万円分の株を買ってそれを売ると、信用枠が回復するので、また300万円分の信用取引ができるのです。このように、決済すれば信用枠を無限に使うことができます。

信用取引はメリットが大きいので、なるべく利用しましょう。

信用取引はメリットが大きいので、賢く利用する。

Q19　短期売買と長期投資はどちらがよいのか？

これは、銘柄や相場によって異なるので、なんともいえません。

私自身はどのような相場でもコンスタントに利益を出したいので、短期トレードをメインにしています。たとえば、ある銘柄を買ったとします。その**銘柄が継続的に上昇していくのであれば、長期投資のほうが有利**になります。

しかし、現実には、そのような銘柄は少ないので、どこかで株価が頭打ちになります。その場合、含み益が増えない、含み益が減っていく、株価の動きによっては、含み損が出ます。

こうなると、長期はいいとはいえません。

短期投資の場合、上手く立ち回れば、**株価の値上がり局面だけ株を持ち、下がり始めたら売り逃げる**、ということができます。ただし、それなりのスキルが必要になります。

また、投資を始めるタイミング（相場）によっても異なります。

たとえば、バブルの頃に長期投資を始めたら、かなりの高値で株を買ったことになります。長期投資では大きな損をした確率が高いでしょう。短期投資なら立ち回り次第で小さな損失、うまくいけば利益を得たはずです。

しかし、2008年の後半から2009年の前半にかけて、日経平均株価が7000円台の頃に長期投資を始めたら、かなりの安値で株を買えたことになります。長期投資で大きな利益を得たはずです。短期投資では立ち回らないと、大きな利益を得られなかったでしょう。

このように、投資を始めるタイミングによっても、どちらがよいのかが違ってくるわけです。

私は短期トレードをメインにしています。

長期投資だと利益が出ない期間があるからです。それよりも、毎月、利益があったほうがいいと思ったからです。

長期投資の場合、相場環境に大きく影響されます。短期投資（トレード）の場合も相場環境に影響されるのですが、腕次第、トレードのスキル次第でコンスタントに利益を出せるわけです。

短期売買と長期投資のどちらがよいのかは、銘柄や相場（または始めるタイミング）によって異なるので、一概にどちらとはいえない。

Q20 関連銘柄のトレードで儲けられるのか？

儲けられます。

関連銘柄とは、上場されている株式の中で、事業内容に関連がある企業の株式のことです。これは、例を挙げて説明したほうがわかりやすいでしょう。

● 防衛関連銘柄——三菱重工業（東証1部7011）、東京計器（東証1部7721）、石川製作所（東証1部6208）など

● 人工知能（AI）関連銘柄——FRONTEO（東証マザーズ2158）、メタップス（東証マザーズ6172）、ソフトバンクグループ（東証1部9984）など

● カジノ関連銘柄——日本金銭機械（東証1部6418）、オーイズミ（東証1部6428）、三井不動産（東証1部8801）など

関連銘柄の買い方は以下のどちらかです。

● **株価が動き出す前に買う**

● **株価が動き出してから買う**

株価が動き出す前に買う場合、株価が下落するリスクはほとんどありません。動き出せば、

利幅を取れます。しかし、株価が動かない場合もあります。その場合は売買手数料分が損失になってしまいます。

株価が動き出してから買う場合、株価が動かずに期待はずれに終わるということはありません。しかし、すでに株価が上がっているので、下落するリスクがあります。

どちらがいいかは、銘柄次第ということもあるので、なんともいえません。

関連銘柄はネットで調べることができます。関連銘柄で本格的に稼ごうというのであれば、ネットでざっくりと調べ、**それぞれの銘柄の事業内容を調べてさらに関連性の強い銘柄をまとめておく**べきです。

関連銘柄で本格的に稼ごうというのであれば、それぞれの銘柄の事業内容を調べ、より関連性の強い銘柄をまとめておく。

Q21 テーマ株への投資で儲けられるのか？

儲けられます。

テーマ株とは、56ページの関連銘柄と同じです

ただ、投資のときは「テーマ株」というほうが多いようです。

私の感覚ですが、普通の銘柄に投資するよりも、なにかテーマがある、いわゆる**テーマ株に投資したほうが、当たったときに大きな利益を得られる**ように思えます。

マーケットが急拡大する、企業の収益が大きく伸びる、投資家の注目を集める、そして、株価が大きく値上がりして大きな利益を手にする。

これは、ある意味、株式投資の醍醐味です。

それを実現しやすいのがテーマ株です。

ただ、先見の目がないと、醍醐味を味わうことはできません。夢で終わってしまいます。いくつもあるテーマの中から、大化けしそうなテーマを見極める力が必要です。

また、出遅れないことも重要です。大化けしそうなテーマでも、株を買うのが遅くなると、大きく儲けられないことがあります。それどころか、**すでに株価が大きく値上がりした後では、**

リスクばかりが大きく、投資に失敗する確率が高いでしょう。なるべく早く投資することが大切。早ければ早いほど、旨みがあるわけです。

私自身、トレードがメインなので、投資をすることはあまりありませんが、投資をするときはテーマ株にしています。

現在、注目しているのは、「仮想通貨」「人工知能」「量子コンピューター」の3つのテーマです。すでに注目されているテーマなので、これから旨みがあるかどうかわかりません。

社会の動き、流れに敏感な人は、テーマ株の投資に向いているかもしれません。

「テーマ株」で検索すれば、いろいろなテーマを取り上げたサイトがいくつも見つかります。それらを見て、一度、どのテーマが大化けするか考えてみるのもいいでしょう。株式投資の勉強になります。

テーマ株への投資は「先見の目」が必要。投資するときは出遅れないことが重要。

Q22 ETFで儲けられるのか？

儲けられます。ただし、スキル次第です。買えば儲けられるというわけではありません。

ETFとは、「Exchange Traded Funds」の略です。「上場投資信託」と呼ばれています。

投資信託でありながら、個別銘柄のように取引所で売買ができる金融商品です。

取引できる指数は株式だけでなく、債券、REIT、通貨、コモディティなどもあります。

この項目の文章を書くにあたって改めて調べてみたのですが、様々なETFがあります。「これほど多いのか」「このような指数まであるのか」と驚きました。知らないETFがほとんどでした。

もし、あなたが「金（Gold）」の売買で儲けようと思ったら、どうしますか。

金の現物を買う、金の先物取引をする、金のCFDで取引をする、などの選択肢があります。

金の現物を買うのは面倒です。先物取引やCFDは口座を開設しなければ取引できません。

これも面倒です。

しかし、ETFなら簡単です。株の売買と同じように、コードを入力すれば売買ができます。

金だけでなく、「S&P500指数」「ハンセン中国企業株指数」「東証REIT指数」「WT

I原油先物価格」など、様々な指数の売買ができるわけです。

今まで、儲けるチャンスがあっても、（手軽な）売買の手段がないので見送っていた、というケースでも、ＥＴＦならそのチャンスをものにできるわけです。

また、**様々な指数への投資で、分散投資が可能になり、資産のリスクを押さえることができます。**

しかし、注意しなければならないことがあります。

それは流動性です。ＥＴＦの中には取引高が極端に少ないものもあるので、売りたい価格で売れなかったり、価格が上下に振れたりします。**投資・トレードの前に、板や1日の売買高を見て、流動性を確認**しておきましょう。

ＥＴＦは大変便利なので、一度、どのようなＥＴＦがあるのか把握しておきましょう。ネットで、「ＥＴＦ 一覧」で検索すれば、ＥＴＦを紹介したサイトがたくさんでてきます。

ＥＴＦなら様々な指数への投資が可能になる。どのようなＥＴＦがあるのか把握しておく。

Q23 累投で儲けられるのか？

銘柄、相場、投資の開始時期によって異なります。

累投とは、累積投資のこと。特定の銘柄を毎月一定日に一定額を購入していく投資方法です。ほとんど場合、少額投資になります。

株の入門書に書かれている累投の特徴やメリットは、以下の通りです。

- **定期預金（または積み立て）のような感覚で株式投資ができる**
- **少額で投資できる**
- **1回にまとめて買わないので、「高値掴み」になることがない**

累投は株式投資なのですが、毎月コツコツと買っていくことから、積み立てのようでもあります。貯蓄の1つ（一部）として始めやすいでしょう。また、少額で投資できるというメリットがあります。

ほとんどの証券会社では1万円以上（1000円単位）で始められます。そのため、資金が少なくて1000株単位で買えないような銘柄に投資できるわけです。

累投の場合、購入するタイミングを分散するので、高値圏だけで株を買うことはありません。

それでも、高値圏から株購入を始めたり、下降トレンドの銘柄を購入すると、含み損の期間が続くことになります。トータルでも損失になる可能性があります。

私自身、累投はしていません。トレードで十分に利益を出せるからです。

もし、私が累投を始めるのであれば、以下の条件にします。

● 業績が良い（または安定している）
● ＰＢＲ（１２１ページ参照）が１倍未満
● 相場全体が高値圏にない
● 投資する銘柄のチャートを見て、高くないことを確認してから始める

この４つの条件を満たしていれば、損をする確率が低くなるからです。

少額投資でも、銘柄選びや投資を始めるタイミングに注意すること。

Q24 IPOで儲けられるのか？

儲けられます。

初心者にお勧めです。

IPOとは、「Initial Public Offering」の略です。「新規公開株」「新規上場株式」ということです。IPOの魅力はなんといっても、「初値の高さ」です。公募価格に対して初値の高いことが多いです。そのため、当選すれば、利益の出る確率が高いといえます。

私自身もIPOの公募に応募します。正直、あまり当たりません。

当選した場合、基本的には初値で売ります。その後、大きく上昇してしまうこともありますが、初値の時点で公募価格を大きく上回っていることがほとんどなので、その利益で十分だと考えています。

IPOは簡単に利益を出せることが多いので、初心者にはお勧めです。しかし、当選するかどうかわからないので、IPOだけを狙うとなると、資金効率が悪くなってしまいます。トレードをメインにするべきです。

また、IPO狙いばかりしていると、トレードが上達しません。

それでも、ＩＰＯについては勉強してみる価値があります。勉強するポイントは以下の３つです。

１　当選の確率を上げるコツ

２　初値が極端に高い銘柄の特徴

３　初値後の値動き

当選の確率を上げるコツがネットで公開されています。そういったサイトを見て、勉強しましょう。

ちなみに、私は公募株数の少ない銘柄にしか応募していません。当選しにくいのですが、当選すればかなり高い初値が期待できるからです。

ＩＰＯは簡単に利益を出せることが多いので、初心者にはお勧め。当選の確率を上げるコツを勉強する。

Q25 初心者の場合、相場が上昇トレンドのとき以外は売買しないほうがよいのか?

しないほうがいいでしょう。

もちろん、「絶対にしないほうがいい」というわけではありません。する、しないは各自の自由なので、読者自身が判断してください。

初心者の場合、株の売買は「買い」がほとんどでしょう。当然、買った後に株価が値上がりしないと利益が出ません。

値上がりしやすい状況といえば、やはり、相場全体が上昇トレンドのときです。**相場全体が上昇トレンドのときは、多くの銘柄が値上がりし、その上昇が続きやすいといえます。**

そのため、銘柄選びや買いのタイミングに関係なく、適当に銘柄を選び、適当なタイミングで買っても、儲かる確率が高いといえます。

トレードや投資のスキルがなくても儲かる確率が高いので、初心者でも儲けられるでしょう。

逆に、保ち合いや下降トレンドでは、適当に銘柄を選び、適当なタイミングで買うと損する確率が高いといえます。

スキルがないと儲かる確率が低いので、初心者では儲けにくいでしょう。

以上のことから、初心者の場合、相場が上昇トレンドのとき以外は売買しないほうがよいわけです。

上昇トレンドの見極め方はそれほど難しくありません。

123ページで紹介する「株価移動平均線を使ったトレンドの見極め方」を参考にしてトレンドを見極めましょう。

この見極めができるようになり、上昇トレンドに限定してトレードをすれば、コンスタントに利益を出せるはずです。

上昇トレンドのときは、適当に銘柄を選び、適当なタイミングで買っても、儲かる確率が高い。
上昇トレンドのときは、トレードや投資のスキルがない初心者でも儲けられる。

Q26 PERで儲けられるのか？

難しいと思います。

私はPERを基に株を買うことはありません。

PERとは、「Price Earnings Ratio」の略。和訳では株価収益率。1株当たり利益に対し、株価が何倍まで買われているかを表しています。メジャーな株価指数です。

倍率が低いほど、割安といえます。

一般的には、20倍以下であれば、割安といわれています。この数値については、相場によって左右されることもあります。

PERは、業績と株価から算出されるため、業績のブレで数値が大きく変動します。業績など、為替の変動で大きく変わることもあります。為替の変動で業績が大きく変わる上場企業など、たくさんあるわけです。

また、PERが100倍を超える銘柄もたくさんあります。

PERでは、明らかに割高のようですが、「将来性がある銘柄なので」で片付けられてしまいます。

このようなことから、私の中では「当てにならない」という結論になりました。

そのため、**ＰＥＲが低いからといって、その銘柄を買うことはありません。**

ただ、まったく見ないというわけではありません。スイングトレードで持ったとき、チラッと見ます。

投資する銘柄を選別するときの「フィルター」としてなら使えるかもしれません。たとえば、割安株を絞り込むときのフィルターに使います。

ＰＥＲの勉強はしなくていいと思いますが、メジャーな株価指標なので、基本的なことは押さえておきましょう。

業績のブレで数値が大きく変動してしまうので、当てにならない。

ＰＥＲが１００倍を超える銘柄もたくさんあり、適性数値がよくわからない。

Q27 会社四季報で儲けられるのか？

儲けられます。

会社四季報（東洋経済発行）を使って投資する銘柄を決め、利益を出している人はたくさんいます。私もかつて、会社四季報を使って、利益を出しました。

私の見方・銘柄の探し方を紹介しておきましょう。

●業績欄――

業績が大きく伸びそうな銘柄を探します。当然、変化率が大きく、インパクトのある銘柄のほうが株価は大きく上昇します

●会社紹介欄――

将来的に伸びそうな銘柄（企業）や、将来的に注目されそうな銘柄を探します。この見極めには、スキルが必要です

●財務欄――

キャッシュフローなどに注目して銘柄を探します。この見極めには、スキルが必要です

以上のような見方をしています。

最近、会社四季報は購入していますが、これを使って銘柄を探すことはありません。その理由は、「トレードが中心で、株式投資はしていないから」です。

今後、株式投資に力を入れていくときには、もう一度、会社四季報の使い方を勉強しようと思っています。

株式投資をする方は、一度、見方をしっかりと勉強したほうがいいでしょう。使いこなせば、かなりの利益を得られるはずです。

「将来的に伸びそうな企業」を探すスキルを身につけると、株式投資で一財産、築けることでしょう。

株トレードをする方は、さらりと勉強する程度でいいと思います。


会社四季報を使って投資する銘柄を決める際は、「業績欄」や「会社紹介欄」に注目する。

Q28 スクリーニング機能は使ったほうがいいのか？

便利なので、トレードや投資する銘柄を探すときに使ったほうがいいでしょう。

スクリーニングとは、上場されている銘柄の中から、「株価指標」や「テクニカル指標」などの特定の条件に合ったものを絞り込むこと。

たとえば、低ＰＢＲ銘柄を探すとします。この場合、個別銘柄それぞれのＰＢＲを調べていくと、かなりの時間がかかってしまいます。

また、「低ＰＢＲで、なおかつ、低ＰＥＲの銘柄」といったように、複数の条件に該当する銘柄を探すとなると、とんでもない労力と時間がかかってしまいます。

しかし、**スクリーニング機能を使えば、瞬時に該当する銘柄の一覧が表示されます。**作業としては、スクリーニング機能を開いて、数値を入力して検索ボタンをクリックするだけです。数値が決まっているのであれば、２分もかからないでしょう。

私自身も時々、スクリーニング機能を使います。

松井証券の「ＱＵＩＣＫ情報」の「銘柄スクリーニング」が使い慣れているので、これしか使っていません。

●松井証券の口座管理画面にログイン→QUICK情報を開く
→銘柄スクリーニングをクリック

これで、銘柄スクリーニングの画面が開きます。あとは、数値を入力して、「検索する」のボタンをクリックすれば該当する銘柄の一覧が表示されます。

「PER」や「PBR」の株価指標だけでなく、「移動平均乖離率」や「ストキャスティクス」などのテクニカル指標でも検索できるので、大変便利です。松井証券に口座を開設していれば、無料で利用できるはずです。

上手に活用して、効率のいいトレード・投資をしましょう。すぐに使わない方も使い方を覚えておくといいと思います。

「PER」や「PBR」の株価指標だけでなく、「移動平均乖離率」や「ストキャスティクス」などのテクニカル指標でも検索できるので、銘柄を探すときに使ったほうがいい。

Q29 利食いのタイミングはどこがよいのか？

手法（またはトレードスタイル）、個別銘柄の値動き、相場の状況などによって異なるので、一概にどこがよいとはいえません。

はっきりいって、利食いのタイミングは難しいです。私自身、18年間、株トレードで生計を立てていますが、利食いの最適なタイミングはよくわかっていません。

正直にいうと、利食いのタイミングはここがいいとアドバイスすることができません。

そもそも、利食いのタイミングは手法によって異なります。

たとえば、スキャルピングならわずかな値幅の上昇で利食いのタイミングになりますし、デイトレードならもう少し値幅が大きいでしょう。また、同じデイトレードでも、10ティック程度で利食いする人もいれば、20ティック、30ティックという値幅でなければ利食いしない人もいます。

それから、利食いのタイミングは個別銘柄の値動きによっても違ってきます。上昇の勢いがなくなれば、その時点で利食いしたほうがいいでしょう。逆に、上昇の勢いが続けば、利食いを遅くしたほうがいいでしょう。

そのほか、相場の状況によっても異なってきます。相場の雰囲気が悪くなれば、その時点で利食いしたほうがいいでしょう。逆に、相場の雰囲気が良ければ、利食いを遅くしたほうがいいでしょう。

私の場合、**スキャルピングなら1～6ティックくらいで利食いしています。スキャルピング以外なら、個別銘柄の値動きや相場の雰囲気で利食いのタイミングを決めています。**「勘」といってしまえばそれまでですが、「経験に裏づけされた勘」です。

また、**買いでは、「上昇後の長めの陽線」「上昇後の長めの上ヒゲ」**が出たら利食いしています。どちらも、一旦、反落する確率が高くなるからです。

手法（またはトレードスタイル）、個別銘柄の値動き、相場の状況などによって異なるので、一概にどこがよいとはいえない。買いでは、「上昇後の長めの陽線」「上昇後の長めの上ヒゲ」が出たら利食いしたほうがよい。

Q30 ロスカットをしなければ儲けられないのか？

絶対ではありませんが、儲けられないでしょう。

ロスカットとは、損切りのことです。含み損（評価上の損失）が出ている株を決済し、損失額を確定させることです。

たとえば、株価500円の銘柄を買ったとします。470円まで値下がりしてしまった時点で見切りを付け、株を売って30円分の損失を確定させます。

なぜ、損が出るのをわかっていて決済するのでしょうか。

それは、損失の拡大を防ぐためです。

含み損が出ている株をそのまま放置しておくと、含み損が拡大してしまう恐れがあります。

それを防ぐためにロスカットするわけです。

ロスカットをしなければ絶対に儲けられないというわけではありません。

しかし、**株トレードや株式投資では、1回のトレード（取引）で大きな損失を出さないことが大切。**

大きな損失を出してしまった場合、それを取り戻すのが大変です。

また、損失の額によっては、株トレードや株式投資を続けられなくなることもあります。1回のトレードで大きな損失を出してしまい、退場した人はたくさんいるようです。

そうならないためにも、含み損がわずかなうちに見切りを付け、決済してしまうことが大切なのです。

また、**ロスカットすることで、資金効率がよくなります。**ロスカットしないということは、含み損が出ている株を持ち続けるということ。

利益が出るのか出ないのか、出るとすればいつなのか、といった株を持ち続けるわけです。それよりも、もっと利益が出やすい株に切り替えたほうが、資金効率がよくなるわけです。

ロスカットができるようになれば、株トレードや株式投資が上達します。

ロスカットで含み損の拡大を防ぐ。ロスカットができるようになれば、株トレードや株式投資が上達する。

Q31 ロスカットのタイミングはいつがよいのか？

トレードスタイル、個々の資産状況、相場環境によって異なるので、一概にはいえません。

たとえば、同じデイトレードでも、5ティックを狙う場合と20ティックを狙う場合ではタイミングが違ってきます。また、30万円の資金でトレードをしている人と1億円の資金でトレードしている人とでは、ロスカットのタイミングが違ってきます。

相場環境でも、強い上昇相場のときと、下落相場のときでは違います。

このように様々な状況によって、ロスカットのタイミングが違ってくるため、「タイミングはいつ」と一概にはいえないわけです。

ロスカットは損失を拡大させないために行うわけですから、含み損がわずかなときにするべきです。これは、「損小利大」という考えにつながります（170ページ参照）。少なくとも、狙った値幅よりも小さな値幅でロスカットしたほうがいいでしょう。

たとえば、株価300円の株を買った時点で20円の値幅を狙っていたとします。この場合、ロスカットは20円よりも小さくします。最大でも19円。株価が281円までにロスカットするべきです。私なら、6～10円でロスカットします。ロスカットのタイミングはトレードをする前に決めておきましょう。初心者であれば、以下のどちらかで決めたほうがいいでしょう。

● 値幅で決める

● 損失額で決める

値幅で決める場合は、たとえば、「買値から20円値下がりしたとき」というように決めます。

損失額で決める場合は、たとえば、「含み損が3万円になったとき」というように決めます。

どちらでもかまいません。自分に合ったほうでタイミングを決めましょう。

ちなみに、私はロスカットのタイミングをとくに決めていません。相場の雰囲気や個別銘柄の雰囲気でロスカットのタイミングを決めます。値動き、板の状況、チャートの形などから、なんとなく決めます。「勘」といわれればそれまでですが、経験に裏づけされた勘です。

様々な状況によって、ロスカットのタイミングが違ってくる。初心者であれば、「値幅」か「損失額」のどちらかで決めたほうがいい。

Q32 サラリーマンが株トレードをする場合、リスク管理はどうすればよいのか？

「逆指値注文」を使ってリスク管理をしましょう。

会社に勤めている場合、ほとんどの方は株式相場の取引時間である「9時〜15時」は仕事中になるでしょう（勤務時間にもよりますが）。そのため、デイトレードはできません。スイングトレード、短期売買、（期限を決めない）株式投資で利益を狙うことになります。

ここで問題なのが、「取引時間中の株価を確認することができない」ということです。

休憩時間中にスマホで、勤務時間中に抜け出してスマホで確認する、ということも可能かもしれませんが、頻繁には無理でしょう。

持ち株が値上がりしたときはそのままでもいいのですが、値下がりしたときはなんらかの対応が必要です。

何度も述べている通り、株トレード・株式投資ではロスカットが重要です。含み損が拡大しないうちに決済し、損失を抑えなければなりません。

取引時間中の株価を確認することができないと、ロスカットできないことがあります。

対処法としては、逆指値注文を使います。

● 逆指値注文 ―― 現在の株価よりも低い値段で出せる指値注文（売り注文の場合）

通常、指値の売り注文は、現在の株価以上の値段でなければ注文を出せません。現在の株価よりも低いとエラーが出るはずです。

しかし、逆指値注文は現在の株価よりも低い値段で出せます。たとえば、現在の株価300円で、「280円まで値下がりしたら売り」という注文が出せるわけです。

これを使えば、**勤務時間中に持ち株が値下がりしても、決めた値段でロスカットすることができます**（必ずではありませんが）。

かつて、逆指値注文はごく一部の証券会社しか使えませんでした。しかし、現在では多くの証券会社で使えるようになっています。

逆指値注文を使い、勤務時間中に持ち株が値下がりしても、決めた値段でロスカットできるようにする。

Q33 順張りと逆張りとではどちらがよいのか？

どちらともいえません。

相場の状況によります。また、個人の向き不向きによるところもあります。

まずは、順張りと逆張りについて説明しておきましょう。

● 順張り――株価の動きに合わせてエントリーする。株価が上昇しているときに買い、株価が下落しているときにカラ売り

● 逆張り――株価の動きに逆らってエントリーする。株価が下落しているときに買い、株価が上昇しているときにカラ売り

どちらも、メリットとデメリットがあります。

順張りの場合は株価の動きに合わせるので、利益が出やすいというメリットがあります。その反面、（買いでは）高値を掴んでしまうというデメリットがあります。

逆張りの場合は高値を掴んでしまう確率が低いというメリットがあります。その反面、株価の傾向が変わらなければ（反転しなければ）利益が出ないというデメリットがあります。

私の場合、順張りと逆張りのどちらもしています。相場の状況や個別銘柄の値動きによって

使い分けています。トレンドが強い場合は順張りが多いです。トレンドが弱かったり、保ち合いのときは逆張りが多いです。

相場の状況を見極めて使い分けるといいのですが、初心者には難しいでしょう。

初心者の場合、順張りのほうがいいと思います。なぜなら、逆張りの場合、反転しないと利益が出ないからです。当然、反転するタイミングを捉えなければなりません。これは、初心者には難しいでしょう。

１２３ページで紹介する「株価移動平均線を使ったトレンドの見極め方」を参考にして**トレンドを見極め、順張りでトレードすることを覚えれば、株トレードでコンスタントに利益を出せるはずです。**

初心者の場合、順張りのほうがいい。トレンドを見極め、順張りでトレードすることを覚える。

Q34 ナンピンはしないほうがよいのか？

計画性のないナンピンはしないほうがいいです。

ナンピンとは、複数回に分けて株を買うこと（またはカラ売りすること）です。

一般的には、株価が下がるにつれて買い増ししていきます。これを、「ナンピン買い下がり」といいます。

たとえば、ある銘柄を３０００株買うとします。株価が５００円のときに１０００株買います。その後、４００円まで値下がりしたときに１０００株、３００円まで値下がりしたときに１０００株買ったとします。この時点で持ち株は３０００株。買値の平均値は４００円です。現在の株価から１００円戻れば（上がれば）含み損がなくなるわけです。

もし、株価が５００円のときにまとめて３０００株買っていたら、現在の株価から２００円戻らなければ含み損がなくならないわけです。３００円から１００円上がるのと、２００円上がるのとでは、大きな差があります。当然、１００円のほうが有利です。

このように、**ナンピンをすると、平均値を有利にすることができるので、利益が出やすくなります。しかし、株価はどこまで下がるかわかりません。株価が下がるに連れてナンピンで買**

い増ししていくと、いつの間にか含み損が膨れ上がってしまいます。

「含み損が出るのを想定している」といったことが裏目に出て、ロスカットが遅れがちです。また、最もよくないのが、予定外のナンピンです。買った株が値下がりし、ロスカットしたくないので、急にナンピンをし始める。こういったトレードをする人がけっこういます。かつて、私もこのようなことをしていました。

予定外のナンピンをすることで、含み損がなくなったり、含み益が出ることもあります。しかし、**含み損がさらに大きくなってしまい、取り返しのつかない状況に陥ることもあるわけです。**こういったこともよくあるので、ナンピンはやらないほうがいいでしょう。

ナンピンをすると、平均値を有利にすることができるので、利益が出やすくなる。
株価はどこまで下がるかわからないので、下がるに連れてナンピンで買い増ししていくと、いつの間にか含み損が膨れ上がってしまう。

Q35 ナンピンで儲けられるのか？

私自身は、儲けています。

「います」、ですから、現在、ナンピンをしているということです。一時、ナンピンをしなかったときもありましたが、ここ数年はしています。ナンピンを取り入れたよい手法ができたからです。

これは、初めから値下がりしたらナンピンをするような手法です。「計画的なナンピン」というわけです。この手法は、かなりの確率で利益が出ます。いくら稼ぎ出したのかわからないくらい、利益を出しています。

これを読んだ読者は、「トレードにナンピンを取り入れよう」と思ったはずです。

ナンピンをすると勝率が高くなります。上手く手法に取り入れることができれば、勝率が高いので、コンスタントに利益を積み重ねていくことができます。

しかし、あまりお勧めしません。

なぜなら、先にも述べたとおり、ナンピンはロスカットのタイミングが難しいからです。どうしてもロスカットが遅くなってしまい、大きな含み損を抱えてしまいます。

そのため、トレードのスキルが低いと、勝率が高くても、トータルで損失が出てしまいます。もし、トレードにナンピンを取り入れるのであれば、まず、その手法において、「どのタイミングでロスカットすればトータルで利益が出るのか」を考えてみてください。また、検証してみてください。

ロスカットのタイミングを早くすると、ナンピンをする意味がなくなってしまいます。また、ロスカットのタイミングを遅くすると、ナンピンによる損失が大きくなってしまいます。このあたりの調整がかなり難しいです。

しかし、この**タイミングがわかってしまえば、手法は完成。**それを実践するだけで利益が積み上がっていきます。勉強、研究、検証をしてみる価値はあります。

手法にナンピンを取り入れるのであれば、まず、「どのタイミングでロスカットすればトータルで利益が出るのか」を考えること。

Q36 株トレード・株式投資で儲けるためにはチャートが必要なのか？

チャートは、絶対に必要というわけではありません。

私自身、板（取引所に出ている注文が表示されている株価ボード）だけを使った手法があります。この手法でコンスタントに利益を出しています。

私以外にも、板だけでトレードしている人はたくさんいることでしょう。

また、株価材料や株価指標だけで利益を得ている人もたくさんいるようです。

チャートがいるのか、いらないのかは、各トレーダーのトレードスタイルによるわけです。

私自身、チャートを使っていますし、読者の方も使ったほうがいいと思います。とくに、投資ではなく、トレードをしている人は使ったほうがいいでしょう。

チャートを見ることでわかることはたくさんあるのですが、主なことは以下の３つ。

1　リスク（の度合い）

2　トレードのタイミング

3　株価の傾向

１つ目はリスクです。「現状では、どのくらいのリスクがあるのか」「株価が値下がりするとしたら（カラ売りの場合は値上がりするとしたら）、どのくらいまでなのか」といったことがわかります。

2つ目はトレードのタイミングです。「どのタイミングでトレードすればよいのか」といったことがわかります。

3つ目は株価の傾向です。「株価が上昇傾向なのか、下落傾向なのか、どちらでもない（トレンドレス・保ち合い）のか」といったことがわかります。

この3つ以外にも、いろいろなことがわかります。もちろん、これらがわかるには、それなりの勉強、そして、経験が必要になります。初めからわかる人はいないはずです。

チャートは大変便利なものなので、使ったほうがいいでしょう。

チャートは、絶対に必要というわけではないが、使ったほうがいい。
チャートを見ることで、「リスク」や「トレードのタイミング」などがわかる。

Q37 チャートでは、まず何を見ればよいのか?

現在の株価が高い位置にあるのか、低い位置にあるのかを見ます。

チャートでは多くのことを見るのですが、まずは、現在の株価が高いか低いかを見ましょう。

これは実際のチャートを使って説明します。

92ページ上段のチャートを見てください。パッと見でわかるように、株価は高い位置にあります。次は、下段のチャートを見てください。パッと見でわかるように、株価は低い位置にあります。

あまり細かく見る必要はありません。

パッと見で判断するのがコツ。

なぜなら、パッと見で判断できるということは、多くの人が同じような判断をしている可能性が高いからです。

たとえば、**あなたがパッと見で「高い」と判断したら、同じように「高い」と判断している人がたくさんいる**はずです。

では、なぜ、最初に「現在の株価の高さ」を見るのでしょうか。

それは、**リスクの度合いを見極めるためです。**

低い位置にある場合はいいのですが、高い位置にある場合は急落したり、大きく下落する可能性があります。当然、売買には注意が必要です。

リスクを避けたいのであれば、高い位置にある場合は買いを見送りましょう。

もし、買うのであれば、株を買った後に反落したら、すぐに売りましょう。いつまでも持っていると、急落に巻き込まれる可能性があります。

このように、チャートを見るときは、最初に「現在の株価の高さ」を見ます。その高さからリスクの度合いを見極め、売買を考えるわけです。

これができるようになれば、損をする確率がぐっと低くなります。

まずは、現在の株価が高いか低いかを見る（見極める）。パッと見で、高いか低いかを判断するのがコツ。

パッと見で高いか低いかを判断する

五洋インテックス（東証ジャスダック7519）日足チャート

関東電化工業（東証1部4047）日足チャート

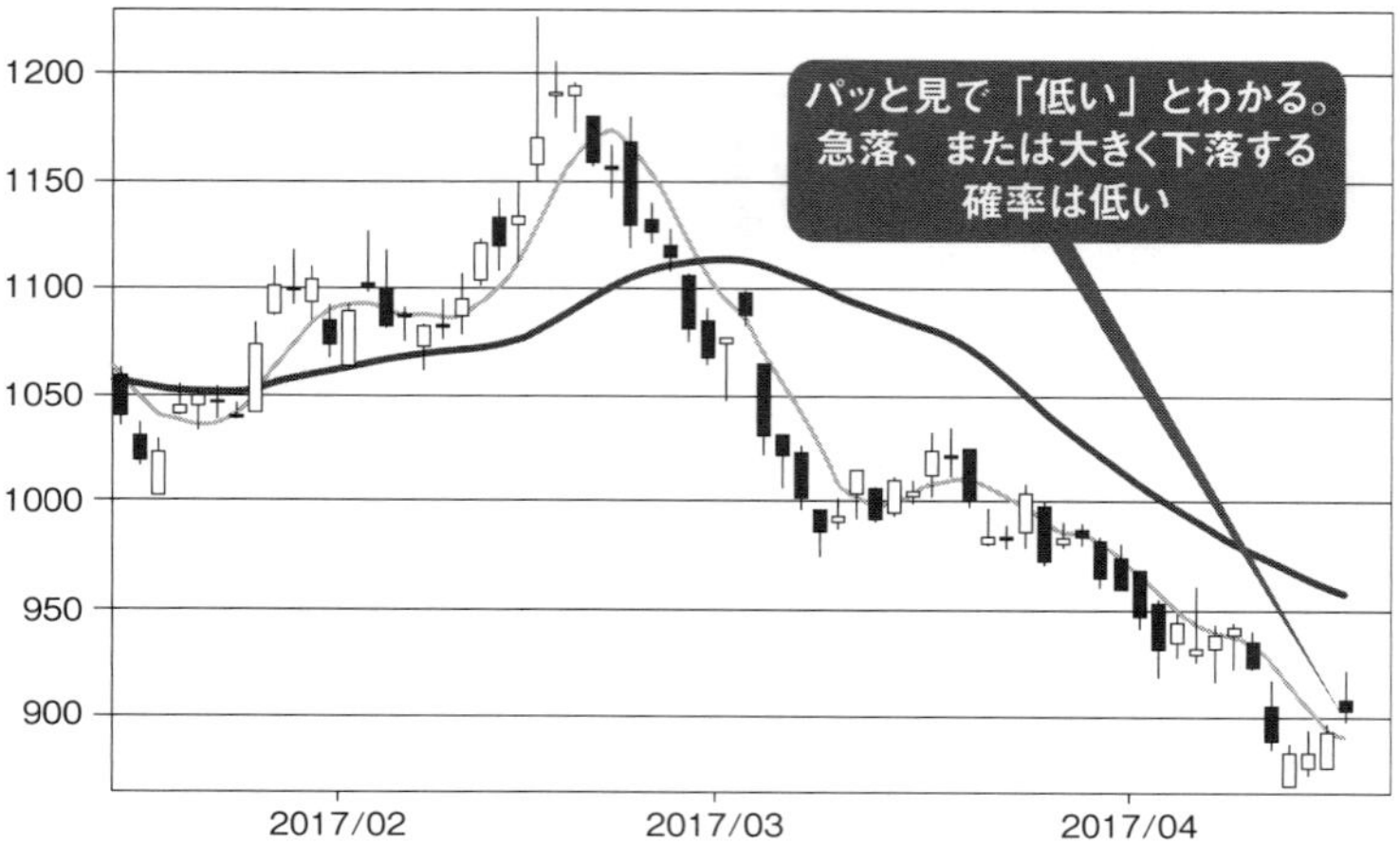

Q38 チャートパターンだけで儲けられるのか？

儲けられます。ただし、初心者はパターンを認識するのが難しいと思います。

チャートパターンとは、値動きによって形成される「特定の形状」のことです。パターンはいくつかありますが、代表的なのは「ダブルトップ・ダブルボトム」や「フラッグ・ペナント」です。このパターンから将来的な株価の動きを予測します（チャートパターン分析）。

チャートパターンを使ってトレードをすると、以下のような問題が発生します。

- パターンを認識するのが難しい
- ダマシがある

チャートパターンによるトレードを始めようとしたとき、最初に発生する問題は「パターンを認識するのが難しい」ことです。パターンはチャートに描かれていません。自分で認識しなければなりません。「ダブルボトムができた」「フラッグができた」というのは、自分で認識する必要があるわけです。この認識が初心者には難しい。

次に発生する問題は、ダマシです。「ダブルトップができたが、値下がりせず、逆に値上がりしてしまった」というようなことがよくあります。ダマシはけっこうあるので、チャートパターンだけを使ったトレードは難しいでしょう。

そのため、手法のベース、またはフィルターとして使ったほうがいいでしょう。たとえば、手法のベースを「ダブルボトム」にし、フィルターを「25日移動平均線」にします。そして、「ダブルボトムができた後、25日移動平均線を上抜けしたら買い」という手法を作ります。

もちろん、この手法は例えなので、実際に利益がでるかどうかわかりません。思いついたものを書いただけです。このように、**チャートパターンだけでなく、別な手法と合わせて使ったほうが、利益を出しやすくなります。**

私自身も、手法のベース、またはフィルターとして使っています。

チャートパターンはかなり有効なので、一度、時間を割いて勉強したほうがいいでしょう。

初心者はパターンを認識するのが難しい。手法のベース、またはフィルターとして使ったほうがよい。

Q39 グランビルの法則だけで儲けられるのか？

儲けられます。

ただし、すべての法則で儲けられるわけではありません。

「グランビルの法則」とは、米国のジョゼフ・E・グランビル氏が考案したチャート分析法（テクニカル分析）です。株価と移動平均線から売買タイミングを見極める法則です。この法則は全部で8つあります。

株式投資の入門書やチャートの入門書などでは、必ずといっていいほど出てきます。

有名なのが、「買いの法則1」と「売りの法則1」の、株価と移動平均線のクロスです。

グランビルの法則はかなり有効なのですが、この法則を使えば簡単に儲けられるというわけではありません。

もし簡単に儲けられるのであれば、株の入門書を読んだほとんどの人は儲けられることになります。

正直、グランビルの法則を使っても、なかなか儲けられません。

ただ、**2つの法則は、使い方次第で儲けることができます。**

あとの6つ法則は、手法のベースとするか、フィルターとして使うといいでしょう。

たとえば、「買いの法則4」をベースにし、ストキャスティクスをフィルター（またはトリガー）にします。

● 条件1 ―― 移動平均線が下落している局面で、株価（ローソク足）が移動平均線とかけ離れて大きく下落

● 条件2 ―― ストキャスティクスで買いシグナルが出る

このようにします。もちろんこれはたとえなので、手法として使えるかどうかわかりません。

いずれにしろ、グランビルの法則は重要なので、しっかりと勉強しておきましょう。

グランビルの法則は手法のベースとするか、フィルターとして使うとよい。
グランビルの法則は重要なので、しっかりと勉強しておく。

「グランビルの法則」で覚えておきたい2の法則

買いの法則4

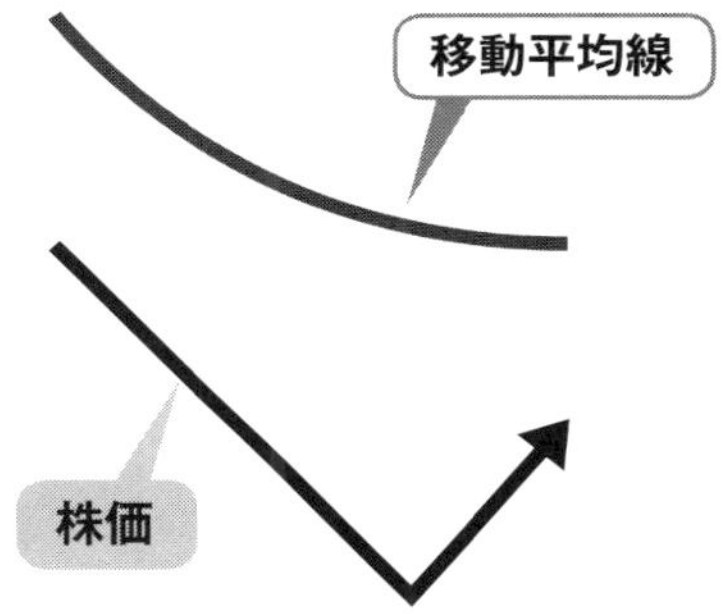

移動平均線が下落している局面で、
株価が移動平均線とかけ離れて大きく下落

売りの法則4

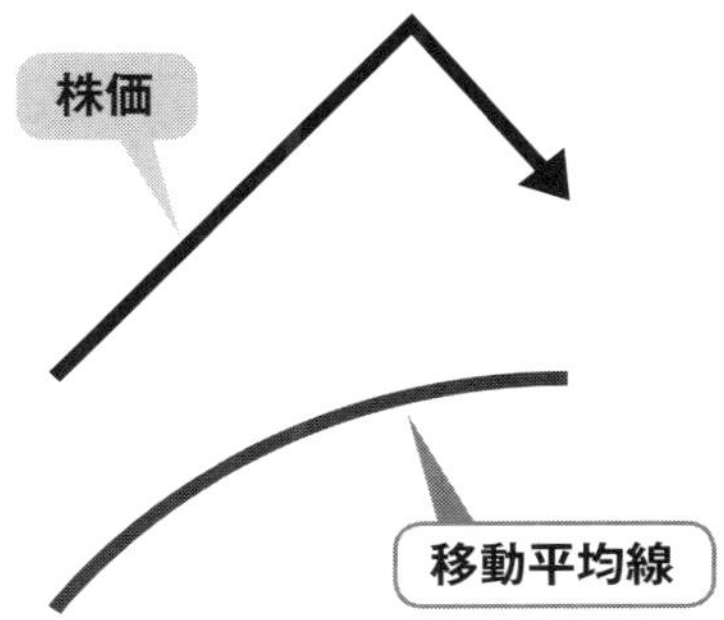

移動平均線が上昇している局面で、
株価が移動平均線とかけ離れて大きく上昇

Q40 株価移動平均線のゴールデンクロス・デッドクロスで儲けられるのか?

難しいと思います。

「株価移動平均線のゴールデンクロス・デッドクロス」とは、以下の状態のことです。

- ゴールデンクロス――株価が下落した後に短期の移動平均線が、長期の移動平均線を下から上に抜けた状態
- デッドクロス――株価が上昇した後に短期の移動平均線が、長期の移動平均線を上から下に抜けた状態

ゴールデンクロスは「買いシグナル」、デッドクロスは「売りシグナル」です。

株価移動平均線のゴールデンクロス・デッドクロスを知ったとき、「移動平均線を2本使うなんて、すごい発想だ」と思いました。同時に、「これは使えそうだ。これで儲けられるだろう」とも思いました。

しかし、現実は甘くありませんでした。実際にトレードをしてみると、損ばかり。ゴールデンクロスのシグナルで買うと株価が下がる（当時はカラ売りをしていませんでした）。同じような経験を持つ方も多いはずです。

「買いのシグナルが出た頃には上昇が終わっている」「売りのシグナルが出た頃には上昇が終わっている」ということがよくあります。いわゆる、「ダマシ（騙し）」です。とくに、保ち合い相場（レンジ、またはボックス）では頻繁に発生します。

当然、このようなときは、**シグナル通りにトレードをすると、損をする**ことになります。

最近では、ゴールデンクロス・デッドクロスによるシグナルはほとんど気にしていません。

株価移動平均線のゴールデンクロス・デッドクロスについては、入門書に書かれていることをさらりと読んで理解しておく程度でよいでしょう。

一応、移動平均線の基本なので押さえておく程度です。これに時間を割くのであれば、別なことを勉強したほうがいいと思います。

株価移動平均線のゴールデンクロス・デッドクロスによるトレードで儲けるのは難しい。理解しておく程度でよい。

Q41 MACDだけで儲けられるのか？

難しいと思います。

他の株価指標と合わせて使うのであれば、儲けられるでしょう。

ＭＡＣＤとは、「Moving Average Convergence / Divergence Trading Method」の略です。日本語では、「移動平均収束拡散手法」というようです。原理としては、２本の移動平均線（ＭＡＣＤとそれを単純移動平均化したシグナルの２本のライン）を用いて、相場の周期とタイミングを捉えます。

かなり有名な指標なので、使ったことがある方も多いと思います。

一般的な使い方としては、２本のラインのゴールデンクロスで買い、デッドクロスで売り（またはカラ売り）です。

このトレードをした方ならわかっていると思いますが、トレンドのスパンが短いと、ゴールデンクロスで買ったときにはすでに上昇が終わっている、デッドクロスでカラ売りしたときにはすでに下落が終わっているという状況になります。

当然、そのトレードでは損失が出ます。

とくに、持ち合い相場（レンジ、またはボックス相場）ではダマシが続きます。

ＭＡＣＤのシグナルは株価の動きに対して反応が遅いので、どうしても「シグナル通りにトレードしたらトレンドが終わっていた」ということが起きてしまいます。

このあたりは、移動平均線のゴールデンクロス・デッドクロスと似ています。そもそも、ＭＡＣＤ自体が移動平均からできた指標なので、当然といえば当然です。

もし、**使うのであれば、株価の動きに対して反応が速い指標と組み合わせるといいでしょう。**

たとえば、ストキャスティクスです。ＭＡＣＤで大きな傾向を捉え、ストキャスティクスで買いのタイミング・カラ売りのタイミングを決めるといった使い方です。

私は、ＭＡＣＤに関して「勉強しなくてもよい」と思っています（ＦＸをする場合は別です）。


ＭＡＣＤをもし使うのであれば、株価の動きに対して反応が速い指標(例・ストキャスティクス)と組み合わせる。

Q42 RSIだけで儲けられるのか？

RSIだけを使って、継続的に儲けるのは難しいと思います。

RSIとは、「Relative Strength Index」の略。米国のテクニカルアナリストのJ・W・ワイルダー氏によって考案されたテクニカル指標です。テクニカル指標のタイプではオシレーター系になります。

テクニカル指標は、「オシレーター系」と「トレンドフォロー系」の2つのタイプがあります。オシレーター系とは、買われ過ぎ、売られ過ぎなどを示すテクニカル指標。トレンドフォロー系とは、トレンドを追いかけるタイプのテクニカル指標のことです。

RSIは、買われ過ぎ、売られ過ぎなどを示すオシレーター系の代表的なテクニカル指標です。

- **買われ過ぎ ―― 100％に近いほど買われ過ぎということ。75％を超えると買われ過ぎと判断する**
- **売られ過ぎ ―― ゼロに近いほど売られ過ぎということ。25％を割り込むと売られ過ぎと判断する**

「75％・25％」ではなく、「80％・20％」や「70％・30％」で判断する人も多いようです。

実際に使ってみるとすぐにわかるのですが、とにかくダマシが多いです。「75％を超えているのに、さらに上昇する」「25％を割り込んでいるのに、さらに下落する」といったことが頻繁になります。

オシレーター系の特徴として、強いトレンドが発生したときにはダマシが多くなります。こういったことから、ＲＳＩだけを使って継続的に儲けるのは難しいと思います。手法のフィルターとしてなら使えるでしょう。

私自身、最近、株トレードではＲＳＩを使っていません。ＦＸでは一部の手法で使っていますが、その手法自体、最近は使っていません。理由は、もっといい手法があるからです。

強いトレンドが発生したときにはダマシが多くなるので、ＲＳＩだけを使って継続的に儲けるのは難しい。手法のフィルターとしてなら使える。

Q43 一目均衡表だけで儲けられるのか？

使い方次第で儲けられるでしょう。

一目均衡表とは、一目山人が考案したテクニカル指標です。一目山人とは、株式評論家・細田悟一氏のペンネームだそうです。

私自身、一目均衡表の本当の使い方は知りません。自己流で使っていました。

一目均衡表の「雲」を使ったスイングトレード手法です。カラ売りを中心にした手法で、けっこう利益が出ました。

「これは使える」と思い、デイトレード（5分足チャートによるトレード）に応用したら、見事に失敗。

おそらく、原因は使っている人が少ないからだと思います。個別銘柄の日足で一目均衡表は多いので、株価も意識された動きになることがあります。

しかし、個別銘柄の5分足で一目均衡表を使っている人は少ないので、意識した動きになることがほとんどありません。**意識した動きがないので、勘で売買しているのと変わらないわけです。**

現在では、日足でも一目均衡表は使っていません。理由は、ほかの手法で十分に利益を出せるからです。

ただ、FXでは現在でも一目均衡表の一部を使っています。具体的に書いてしまうと、一目均衡表の「雲」の部分です。

一目均衡表について勉強する価値はあると思いますが、優先順位は低くしていいでしょう。時間があれば勉強する、でかまわないと思います。

手法に使う場合は、何かほかの指標と組み合わせたほうがいいでしょう。

一目均衡表だけでトレードしても、コンスタントに利益を出すのは難しいと思います。

勉強する価値はあると思いますが、優先順位は低くしていい。手法に使う場合は、何かほかの指標と組み合わせたほうがいい。

Q44 売買記録は付けたほうがよいのか？

付けたほうがいいです。

そのほうが早く上達します。


私自身、現在は売買記録を付けていませんが、以前はしっかりと付けていました。

この場合の売買記録とは、単なる「取引履歴」ではありません。「日付、銘柄（証券コード）、買値、売値」のほか、以下の内容を書きます。

- **売買した銘柄を選んだ理由（なぜ、この銘柄を売買したのか）**
- **売買タイミングを決めた理由（なぜ、このタイミングを売買したのか）**
- **よかったところや悪かったところ**

まず、銘柄を選んだ理由を書いておきましょう。たとえば、「直近でストップ高したから」というように書きます。

次に、売買タイミングを決めた理由を書いておきましょう。たとえば、「直近高値を上抜けたから」というように書きます。

最後に、その売買を振り返り、よかったところや悪かったところを書いておきましょう。たとえば、「長めの陽線が出たときに、しっかりと利食いできた」「決めたタイミングでロスカットできなかった」というように書きます。

このほか、今後の売買における注意点や課題があれば書いておきましょう。たとえば、「決めたタイミングでロスカットできるようにする」というように書きます。

デイトレードでトレード回数が多い場合は、注意点や課題があるトレードだけでもいいと思います。

少し面倒かもしれませんが、今後の売買に活きてきます。

これをやる人は、伸びる人です。この作業に時間を割く人は、大きく伸びる可能性が高いでしょう。

売買記録を付けたほうが早く上達する。
今後の売買における注意点や課題があれば書いておく。

Q45 初心者でもすぐに、確実に儲けられる方法はあるのか？

40ページで紹介した「株主優待狙い」がいいでしょう。

「初心者編」のまとめ的な質問、回答です。初心者の場合、スキルがないので、トレードで「すぐに」「確実に」というのはなかなか難しいと思います。そうなると、株主優待狙いくらいになってしまいます。株主優待狙いなら、初心者でもすぐに利益が出せると思います。また、リスクも極めて低いので、初心者でも安心してできるでしょう。

やり方は40ページで説明したとおりです。現物を買うと同時にカラ売りをして、株価変動によるリスクを回避します。狙っていく優待は、好きなものでいいと思います。お金に替えるのであれば、クオカードや図書カードなどの換金できるもの。金券ショップで換金します。

株主優待狙いでは以下のことに注意してください。

1　売買手数料が安い証券会社で取引をする

2　逆日歩が高くない

1つ目は、売買手数料が安い証券会社で取引をすることです。もちろん、売買にかかるコストを抑えるためです。

2つ目は、逆日歩が高くない銘柄にすることです。これも理由は、売買にかかるコストを抑えるためです。逆日歩とは、「売り建て株（カラ売りの株）にかかる金利」です。すべての銘柄に逆日歩が付くわけではありません。品薄（株不足）になるほど付く確率が高くなり、また、逆日歩の金利も高くなります。「1株あたり1日80円」という金利になることもあります。1000株カラ売りしたら、1日8万円も支払うことになります。

逆日歩の金利次第で優待をもらっても損になってしまいます。そうならないためにも、逆日歩はチェックしましょう。

逆日歩は、「日本証券金融株式会社」のサイト（「品貸料率／融資・貸株残高」のページ）でチェックしてください。「トレードや投資」で儲けたいという方は、もう少しだけ勉強し、「中級編」の191ページを参考にトレード・投資をしましょう。

初心者でもすぐに、確実に儲けられる方法は「株主優待狙い」。売買手数料と逆日歩に注意すれば、簡単に利益を得られる。

一生相場で稼ぎ続ける!

株究極の38問〈中級編〉

Q46 短期間で大きな利益を得るにはどうしたらよいのか？

急騰銘柄を狙っていく方法がいいでしょう。

先にいっておきますが、**短期間で大きな利益を得ようとすれば、それなりのリスクを負うことになります。**このことをよく理解しておいてください。

「短期間」がどのくらいなのかによって、やり方が違ってきます。「1週間くらい」という人もいれば、「3カ月間くらい」という人もいるでしょう。

いずれにしろ、急騰、または急落している銘柄を狙ったほうがいいと思います。

たとえば、デイトレードであれば、値上がり率ランキングを使って急騰銘柄を探します。その銘柄を買い、値上がりしたら、あとはトレーリングストップで利益を伸ばしていきます。値下がりしたらロスカットします。

これを何日も繰り返していきます。相場がいいときは、ストップ高になる銘柄もあるので、運がよければ、短期間で大きな利益を得るでしょう。

スイングトレードや短期売買の場合も、考え方、やり方は同じです。値上がり率ランキングを使って急騰銘柄を探します。その銘柄を買い、思惑通りに値上がりしたら、あとはトレーリングストップで利益を伸ばしていきます。値下がりしたらロスカットします。

これを何回も繰り返していきます。

できれば、ストップ高狙いがいいでしょう。**普通の急騰銘柄よりも、ストップ高銘柄のほうが高い確率で値上がりします。**運がよければ、ストップ高（またはストップ高の少し手前）で買った後、数日間、ストップ高になります。そうすれば、1週間くらいで大きな利益を得るでしょう。ストップ高狙いについては210ページで詳しく解説しているので、そちらを参考にしてください。

短期間で大きな利益を得るというのは、ある意味、株トレードの醍醐味かもしれません。そのため、そういったトレードを否定はしません（一時期、否定していたこともありますが）。ただ、大きなリスクを伴うので、十分に注意してください。

急騰している銘柄を買い、値上がりしたらトレーリングストップで利益を伸ばしていく。値下がりしたらロスカットする。これを何回も繰り返していく。

Q47 株価移動平均かい離率で儲けられるのか？

儲けられます。一度、しっかりと勉強することをお勧めします。

私もかつて、株価移動平均かい離率を使ってトレードし、トータルでは大きな利益を得ています。現在では、株価移動平均かい離率だけでトレードはしていません。

株価移動平均かい離率とは、株価移動平均からどのくらい離れているかを数値化したものです。

株価移動平均かい離率は、終値を移動平均で割って算出します。

● **株価移動平均かい離率＝終値÷移動平均**

「グランビルの法則」の「買いの法則４」と「売りの法則４」では、株価が移動平均から大きく離れたら売買のシグナルになります。

これを使ってトレードをするわけです。基本的には、**移動平均から大きく下に離れたら買い、移動平均から大きく上に離れたらカラ売り**をします。

「どのくらいのかい離率で買えば（またはカラ売りすれば）よいのか」というのは、相場によって異なるので一概にはいえません。たとえば、「かい離率マイナス15％を超えた銘柄を買えば、大きく儲かる」といった相場もあれば、「かい離率マイナス20％を超えた銘柄を買わなくては、大きく儲からない」といった相場もあります。このあたりは経験を基に調整が必要です。**初心者でも簡単にできるトレードです。**

しかし、問題点が1つ。それは、「トレードのタイミングが少ない」ということです。なかなかありません。それでも、上昇や下落の強いトレンドになったときは数多くの銘柄が該当してきます。**トレードのタイミングは少ないが、（相場次第で）トレードの対象となる銘柄は多いということです。**

私の場合、反発しやすいチャートパターンを見極めてから買っています。そのほうが、かい離率の数値だけでトレードするよりも、勝率が高くなるからです。

株価移動平均かい離率を使ったトレードは儲けられる。基本的には、移動平均から大きく下に離れたら買い、移動平均から大きく上に離れたらカラ売り。

かい離率を使ったトレード

FPG（東証1部7148）日足チャート

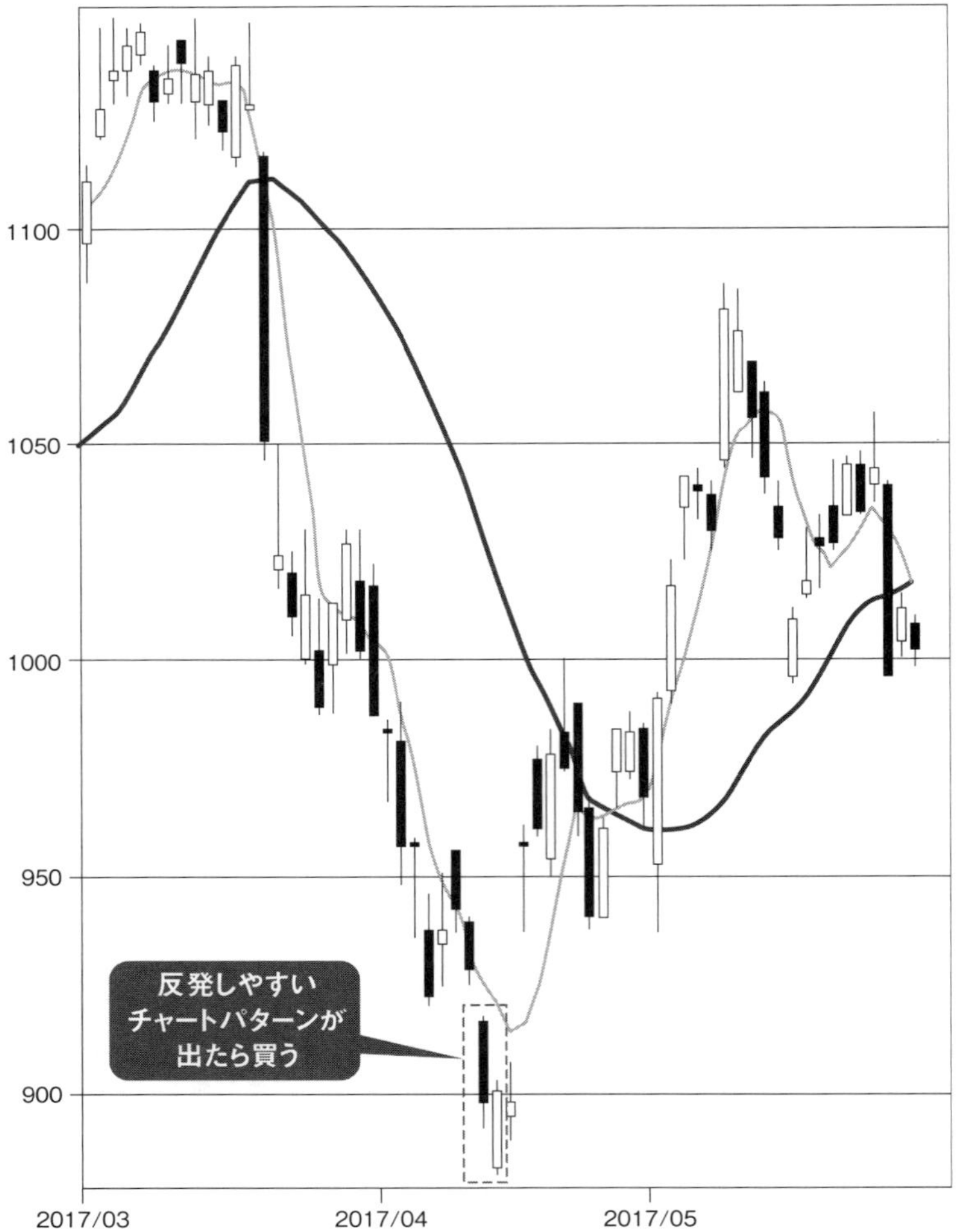

Q48 株価移動平均かい離率を使ったトレードはどのようにすればよいのか？

相場全体のかい離率を基準にするか、個別銘柄のかい離率を基準にするかによって異なります。「株価移動平均かい離率を使ったトレードは儲けられる」を読み、このトレードに興味を持った方もたくさんいることでしょう。そこで、簡単に説明しておきます。

まず、相場全体のかい離率を基準にするか、個別銘柄のかい離率を基準にするかを決めます。

● 相場全体のかい離率を基準にする場合——日経平均株価の株価移動平均かい離率を使う

● 個別銘柄のかい離率を基準にする場合——個別銘柄の株価移動平均かい離率だけを使う

相場全体のかい離率を基準にする場合は、日経平均株価の株価移動平均かい離率を使います。たとえば、「日経平均株価の株価移動平均かい離率がマイナス7％以下になったら買い、プラス7％以上になったらカラ売り」というようにします。

この場合、日経平均株価に連動するＥＴＦ（60ページ参照）をトレード、または、日経平均先物をトレードします。

個別銘柄のかい離率を基準にする場合は、たとえば、「個別銘柄の株価移動平均かい離率がマイナス15％以下になったら買い、プラス15％以上になったらカラ売り」というようにします。

リスクが低いのは、相場全体のかい離率を基準にしたほうです。初めは「買い」だけにしたほうがいいでしょう。カラ売りの場合、ロスカットができないと大きな損失を出してしまう恐れがあります。

リスクを極力抑えたいのであれば、かい離率が大きくなってからトレードすること。かい離率マイナス15%よりも、かい離率マイナス20%のほうがリスクは低いわけです。

また、「相場全体のかい離率を基準にして、銘柄選びは個別銘柄のかい離率を基準にする」というやり方もあります。たとえば、日経平均株価の株価移動平均かい離率が大きくなったとき、かい離率が大きくなっている銘柄を売買対象にするわけです。

こちらも、個別銘柄の株価移動平均かい離率だけを使うやり方よりもリスクは低くなります。

相場全体のかい離率を基準にする場合は、日経平均株価の株価移動平均かい離率を使う。
相場全体のかい離率を基準にしたほうが、リスクは低い。

Q49 割安株を買えば儲けられるのか？

儲けられる確率が高いといえます。

割安株の定義は曖昧なのですが、私の中では、「本来の価値に対して株価が大きく低い銘柄」と考えています。

たとえば、本来の価値が３００円なのに、現在の株価が２００円といった銘柄です。なんだか、スーパーの「特売」のようで、お得な気がします。

●割安株投資のメリット

１　本来の価値に対して株価が低いので、さらに大きく値下がりする可能性が低い

２　割安な部分が見直されれば、大きく値上がりする可能性がある

しかし、割安株を買えば、必ず儲かるというわけではありません。割安で取引されているからには、なんらかの理由があるからです。

たとえば、その企業に将来性がないとか。

それでも、高値の株を買うよりかはリスクが低いといえます。

私自身、割安株を買い込むときがあります。ある条件を満たしたときに買えば、かなりの確率で大きな利益を得られます。

「ある条件」はいくつかあるのですが、その1つは**「相場全体が急落したとき」**です。**もちろん、「下げきった」のを見極めてから、買います。**

安い商品がセールでさらに安くなっているときに買うわけです。このタイミングで買い集めれば、大きな利益を得られます。

興味がある方は、勉強してみてください。

割安株とは、「本来の価値に対して株価が低い銘柄」のこと。相場全体が急落したときに買えば、かなりの確率で大きな利益を得られる。

Q50 割安株の見極め方は？

「ＰＢＲ」、会社情報、チャートの３つで見極めます。

１１９～１２０ページを読んで、割安株に興味を持った方はたくさんいることでしょう。

そこで、割安株の見極め方を紹介しておきます。割安株の見極め方は人によって異なります。

ここで紹介するのは、私のやり方です。

● 割安株の条件

条件１ —— ＰＢＲが１倍未満
条件２ —— 大幅な赤字が続いていない
条件３ —— 株価が高い位置でない

まず、ＰＢＲという指標を使います。ＰＢＲとは、株価純資産倍率（Price Book-Value Ratio）のこと。１株当たりの純資産に対し、株価が何倍まで買われているかを表しています。

ＰＢＲが1倍で、１株当たりの純資産と株価が同じということ。当然、割安株はＰＢＲが１倍未満ということになります。０・5倍を割り込む銘柄もあります。

ＰＢＲで絞り込んだら、それらの銘柄の会社情報をチェックします。業績を見るのですが、あまり細かく見ると時間がかかってしまうので、「大幅な赤字が続いていないか」程度でかまいません。最後に、チャートで「高い位置でないか」をチェックします。ＰＢＲが低くても、チャートで高値圏になっていることがあります。**こういった銘柄はリスクが高いので除外します。**

これで残った銘柄が割安株になります。

ＰＢＲが低い銘柄は「スクリーニングのツール」を使うと簡単にわかります。たとえば、松井証券なら「ＱＵＩＣＫ情報」の「銘柄スクリーニング」です。ＰＢＲの倍率を設定すれば、該当する銘柄が表示されます。

ＰＢＲを何倍にするかは、相場によって若干異なるので一概にはいえません。

割安株の見極めにはＰＢＲを使う。ＰＢＲが低い銘柄は「スクリーニングのツール」を使うと簡単にわかる。

Q51 株価のトレンド（傾向）はどのように見極めるのか？

私は複数の移動平均線を使って見極めています。株価のトレンド（傾向）を見極める方法はいくつかあります。

その中でも、複数の移動平均線を使った方法が簡単です。ここでは、日足チャートを例にします。日足チャートでよく使われるのは、５日移動平均線と25日移動平均線です。この２本の線が以下の条件を満たしたとき、「株価が上昇傾向にある」といえます。

- **25日移動平均線が上向き**
- **５日移動平均線が25日移動平均線の上にある**
- **株価が25日移動平均線の上にある**

５日移動平均線も上向きなら、「強い」といえます。重要なことなので、実際のチャートを使って説明しましょう。１２５ページのチャートを見てください。点線から右側は、25日移動平均線が上向きで、なおかつ5日の移動平均線が25日移動平均線の上にあります。このことから、「上昇傾向にある」と判断できます。

また、下落傾向の条件は以下の通りです。

● 25日移動平均線が下向き
● 5日移動平均線が25日移動平均線の下にある
● 株価が25日移動平均線の下にある

5日移動平均線も下向きなら、「強い」といえます。

週足チャートの場合は、13週移動平均線と26週移動平均線を使います。「この程度の見極めでいいのか」と思った方もいるはずです。株価の傾向は大まかに捉える程度でいいでしょう。あまり細かく捉えようとすると、株価のわずかな動きに翻弄されてしまいます。

「長期の移動平均線が上向き、短期の移動平均線と株価が長期の移動平均線の上にある」なら上昇傾向。
「長期の移動平均線が下向き、短期の移動平均線と株価が長期の移動平均線の下にある」なら下落傾向。

株価傾向の見極め方

日経平均株価225種 日足チャート

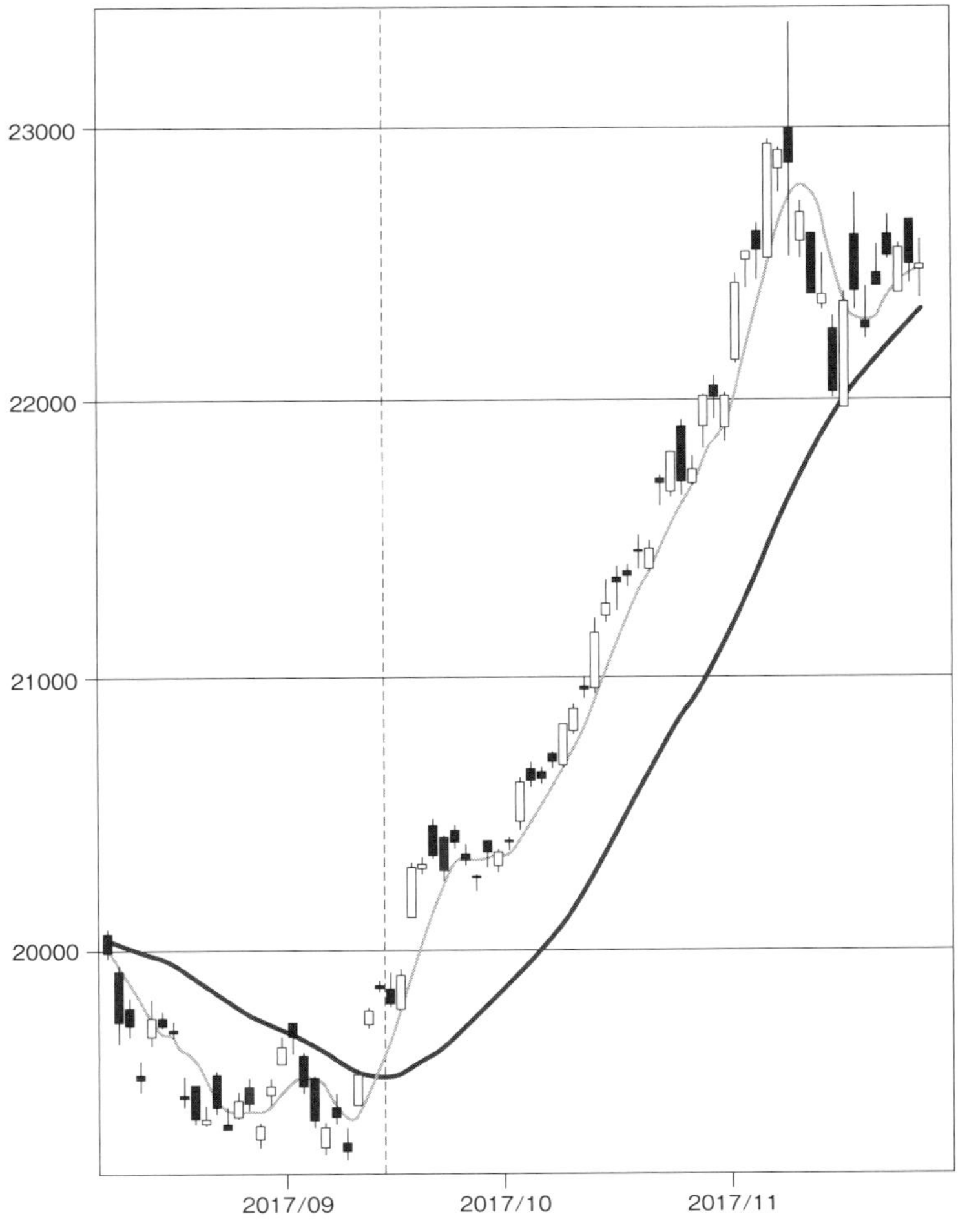

Q52 トレンドラインで儲けられるのか？

儲けられます。ただし、ＦＸほどではありません。

トレンドラインとは、「株価の安値と安値を結んだ線」「株価の高値と高値を結んだ線」のことです。主に、「最安値と目立つ安値」「最高値と目立つ高値」を結んでラインを引きます。トレンドラインはトレンド（または株価の傾向）を見極めるのに適しています。

トレンドラインは、「サポートライン」と「レジスタンスライン」があります。

- **サポートライン――上昇傾向（右肩上がり）にある株価の安値と安値を結んだ線**
- **レジスタンスライン――下落傾向（右肩下がり）にある株価の高値と高値を結んだ線**

サポートラインは株価を下支えし、レジスタンスラインは株価を上押さえします。

株価はトレンドラインで反転しやすい、という特徴（株価の習性）があります。

これを利用して、トレードをします。たとえば、株価がトレンドライン（サポートライン）のところまで下がってきたら買う、トレンドライン（レジスタンスライン）を上がったらカラ売りするというようなトレードです。

為替の場合、トレンドラインで反転することがよくあります。多くのトレーダーがトレンドラインを意識しているようです。そのため、FXではトレンドラインで利益を得やすいのです。しかし、**株価の場合、トレンドラインで反転しないこともよくあります。**その理由はよくわかりませんが、おそらく、トレンドラインを意識しているトレーダーが少ないからではないでしょうか。少ないから、ラインのところでの売買も少ない。その結果、トレンドラインのところで反転しないのでしょう。

いずれにしろ、トレンドラインだけでトレードするのはリスクが高いといえます。株の場合、トレンドラインよりも移動平均線のほうが、多くのトレーダーに意識されています。ですから、**トレンドラインよりも移動平均線のほうを勉強したほうが、勝ち組に近づきやすいでしょう。**

トレンドラインはトレンド(または株価の傾向)を見極めるのには適している。
トレンドラインよりも移動平均線のほうが、多くのトレーダーに意識されている。

儲けられます。

ぜひ、勉強するべきです。

この場合の「レジスタンスライン」「サポートライン」とは、トレンドラインの斜めに引いたラインではなく、高値・安値から平行に引いたラインのことです。

このラインを使ったトレードにおいて、最初に決めなければならないのは、「継続で利益を狙うか」「反転で利益を狙うか」です。

●継続で利益を狙う

株価の動きが継続すると利益が出るポジションを持つ。一般的には、株価がレジスタンスラインを上抜けたら買い、サポートラインを割り込んだらカラ売りといったトレードをします。

●反転で利益を狙う

株価の動きが反転すると利益が出るポジションを持つ。一般的には、株価がレジスタンスラインで反落したらカラ売り、サポートラインで上昇したら買いといったトレードをします。

私の場合ですが、**「ラインを上抜けしてからトレードする」**ほうが多いです。

そのほとんどが、**「株価がレジスタンスラインを上抜けたら買い」**。いわゆる、**「ブレイク買い」**です。

たとえば、ある銘柄のレジスタンスラインが５００円のところにあったとします。この場合、ブレイク買いなら５０１円以上になったら、株を買います。

単純な手法ですが、**強い上昇相場では面白いように利益が出ます。**

レジスタンス・サポートラインについては、時間を割いて勉強しても損はないと思います。これから株トレードをしていくのなら、しっかりと勉強しておきましょう（投資をする方はそれほど重要ではありません。他の勉強に時間を割きましょう）。

最初に「継続で利益を狙うか」「反転で利益を狙うか」を決める。レジスタンス・サポートラインについては、勉強するべき。

Q54 レジスタンス・サポートラインはどこに引けばよいのか？

前項を読んで、レジスタンス・サポートラインについて勉強する気になった方は多いでしょう。レジスタンス・サポートラインの勉強を始めて最初に戸惑うのは「ラインの引き方」です。どこに引けばいいのかがわからないのです。基本的には、「目立つ高値・目立つ安値」のところから引きます。具体的には、以下のところにラインを引きます。

- **最高値・最安値（最強）**
- **目立つ高値・目立つ安値（強い）**
- **直近高値・直近安値（強い）**
- **前日の高値・前日の安値（強い場合と弱い場合があります）**
- **当日の高値・当日の安値（強い）**

その銘柄の「最高値・最安値」のラインは、かなり強いライン（多くのトレーダーが意識しているということ）です。チャート上に最高値・最安値があれば、ラインを引きましょう。「目立つ高値・目立つ安値」「直近高値・直近安値」のラインは、強いラインです。慣れるまでは、「目立つのはどこか」で戸惑うかもしれません。チャートをパッと見て、目に付いた高値・安値でかまいません。「前日の高値・前日の安値」のラインは、強い場合と弱い場合があります（この見極めには経験が必要）。「当日の高値・当日の安値」のラインは強いラインで、デイトレードでは必須。デイトレードをする場合は必ず引きましょう。

まずは、**ラインを引く練習をしてください**。チャートは日足を使っているのであれば日足チャート、5分足を使っているのであれば5分足チャートで、目に付いた高値・安値にさっと引いてみましょう。引けるようになったら、次は**引いたラインに対して株価がどのような動きをするかをチェック**。何か「気付き」があるかもしれません。ちなみに私の場合、チャート上にラインは引きません。頭の中で引いています（FXではチャート上にラインを引いている）。

レジスタンスライン・サポートラインは、「目立つ高値・目立つ安値」から引く。
デイトレードでは、「直近高値・直近安値」と「当日の高値・当日の安値」からのラインは必須。

レジスタンス・サポートラインの引き方

五洋インテックス（東証ジャスダック7519）日足チャート

Q55 ダウ理論だけで儲けられるのか？

儲けられると思います。ただし、ダウ理論だけでトレードをするのではなく、手法のベースにしたほうがいいでしょう。

ダウ理論とは、チャールズ・ダウ氏が提唱した値動きを評価するための理論のこと。6つの基本法則から構成されています。この6つについて、それぞれ説明していくと10ページ以上必要になってしまうので、ここでは割愛させていただきます。

ダウ理論の中で最も重要であり、押さえておきたいのは「トレンドの定義」です。

● **上昇トレンドの定義 ——**

高値と安値がそれぞれ、その前の高値安値より連続して切り上がっている

● **下降トレンドの定義 ——**

高値と安値がそれぞれ、その前の高値安値より連続して切り下がっている

言葉では理解しづらいと思うので、135ページの図を参照してください。上段は上昇トレンド（アップトレンド）の定義、下段は下降トレンド（ダウントレンド）の定義です。

これを理解することで、株価のトレンドを把握することができます。

株価のトレンドが把握できれば、買いとカラ売りのどちらが有利かわかります。上昇トレンドなら買いのほうが有利なので、買いだけ、または買いを中心にトレードをすれば、利益を得やすくなります。

下降トレンドならカラ売りのほうが有利なので、カラ売りだけ、またはカラ売りを中心にトレードをすれば、利益を得やすくなります。

これだけでも、儲けられる確率が高いと思います。

私も、ダウ理論のトレンドの定義をトレードに用いています。手法のベースに使っています。ダウ理論は絶対に勉強しておくべきです。時間を割いて勉強しても、その見返りは十分にあるはずです。

ダウ理論は絶対に勉強しておくべき。
ダウ理論だけでトレードをするのではなく、手法のベースにしたほうがいい。

ダウ理論による「トレンドの定義」

上昇トレンドの定義

高値と安値がそれぞれ、
その前の高値安値より連続して切り上がっている

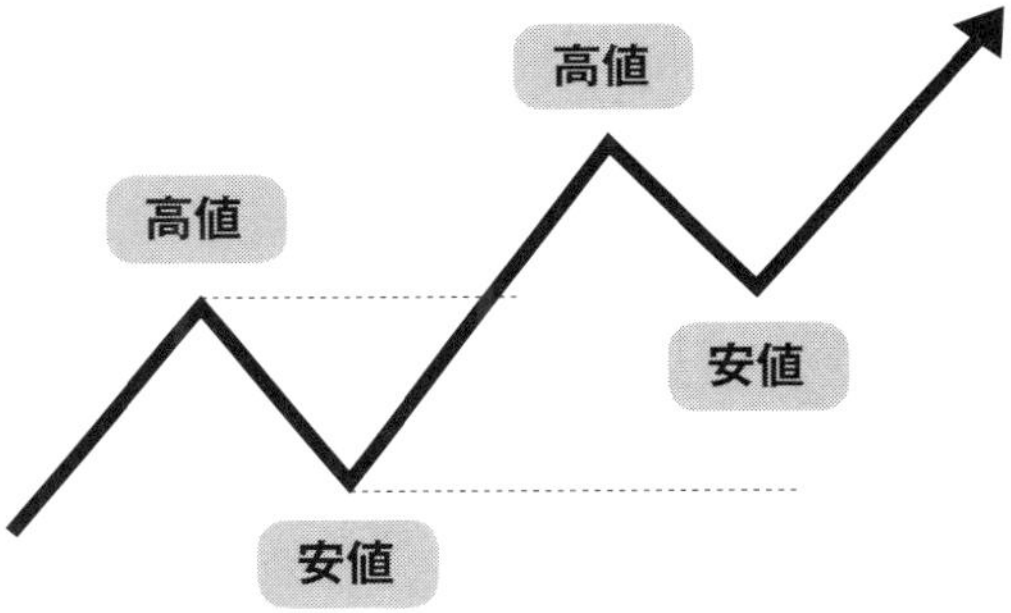

下降トレンドの定義

高値と安値がそれぞれ、
その前の高値安値より連続して切り下がっている

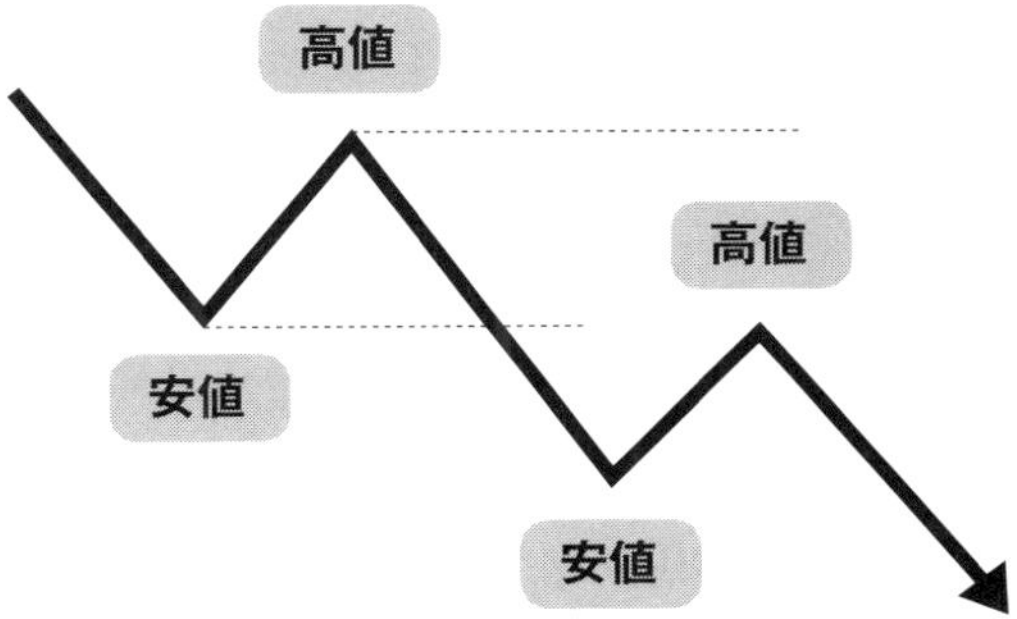

Q56 カギ足で儲けられるのか？

儲けられます。

「カギ足」という言葉を聞いたことがない方も多いことでしょう。

カギ足とは、株価の騰落を1本の線で描いたチャートです。「値幅足」ともいわれます。分類的には、「非時系列チャート」です。普通のローソク足チャートのような、「時間的要素」はありません。

ローソク足チャートの横軸は時間軸になっていますが、カギ足の横軸はほとんど意味がありません。一定の値幅以上、または一定の騰落率以上の値動きがあった場合に線を描き足します。上昇した場合は上に、下落した場合は下に線を描き足すわけです。

なんだか難しいチャートのように思えますが、実際のチャートはすごくシンプルです。シンプル過ぎて、「このチャートから得られるものなど何もないのでは」とさえ思ってしまいます。

しかし、そんなことはありません。私は一時、カギ足だけで短期売買をしていました。かなり利益が出ました。現在はカギ足によるトレードはしていません。理由は、「カギ足を描くのが面倒だから」と、「ほかの手法で儲けられるから」です。

カギ足だけで短期売買をしていたときは、自分でカギ足を描いていました。カギ足を表示するツールがなかったからです。方眼用紙を買い、それにカギ足を描いていました。かなり大変でした。

カギ足を表示できるツールは探せばあると思うのですが、現在はほかの手法で儲けられるので、あえて使おうとは思っていません。

ただ、カギ足は勉強する価値があると思います。カギ足を勉強することで、「トレンドの転換」や「トレンドの継続」がわかるようになります。たくさんのカギ足チャートを見ることで、「気付き」があると思います。

ちなみに、私は「トレンドフォロー」で使っていました。

カギ足を勉強することで、「トレンドの転換」や「トレンドの継続」がわかるようになる。トレンドフォローで使うのがお勧め。

Q57 ストキャスティクスだけで儲けられるのか？

ストキャスティクスだけを使って儲けるのは難しいでしょう。

ストキャスティクスとは、米国のチャート分析家ジョージ・レーン氏（George Lane）によって考案されたテクニカル指標。

オシレーター系（値幅分析系）指標の中では代表的なものです。一定期間の高値および安値と比較して、現状の株価がどの位置にあるかで算出されます。これにより、**「買われ過ぎ」「売られ過ぎ」がわかります。**

ストキャスティクスを使ってトレードをするとわかるのですが、「ダマシ（騙し）」が頻繁に発生します。とくに、**強いトレンドのときはダマシが発生しやすく、連続して発生することも珍しくありません。**

そのため、ストキャスティクスだけを使って儲けるのは難しいといえます。

しかし、ストキャスティクスの特徴を活かす形で手法に取り入れれば、儲けることができます。

ストキャスティクスの特徴はいくつかあるのですが、その1つが「反応が速い」です。株価の動きに対して、反応が速い（デフォルトの設定で）。
以下のような使い方をすると、儲けられる手法が作れます。

●株価の傾向（トレンド）は別な指標で見極める

●エントリーのタイミングはストキャスティクスで見極める

株価の傾向は、ストキャスティクスではなく、別な株価指標で見極めます。たとえば、移動平均線です（123ページ参照）。

そして、買い（またはカラ売り）のタイミングはストキャスティクスで見極めるわけです。
もう少しヒントを書いておくと、「トレンドフォローで使う」です。

大きな流れは別な株価指標で見極める。エントリーのタイミングはストキャスティクスで見極める。

Q58 新高値・新安値情報は把握したほうがよいのか？

把握したほうがいいでしょう。

トレード・投資の対象銘柄や、売買タイミングを見極めることができます。また、相場の状況を把握するのにも参考になります。

市況ニュースで「新高値・新安値・最高値・最安値」の情報を流しているものがあります。たとえば、高値を更新した銘柄とその株価がリアルタイムでどんどん流れてくるわけです。

私自身、この情報を大いに活用しています。具体的には、「ブレイク手法」に使っています。ブレイク手法は、高値を更新した銘柄を買い、安値を更新した銘柄をカラ売りします。当然、高値・安値を更新した銘柄を把握する必要があります。事前に、高値・安値を更新しそうな銘柄を調べているのですが、それらのすべてを取引時間中に監視しているわけではありません。そのため、リアルタイムで知らせてくれるのは、助かります。

また、「新高値・新安値・最高値・最安値」の情報を見ていると、相場の状況を把握することができます。

たとえば、新高値や最高値の銘柄が多く、新安値や最安値の銘柄が少ない（ほとんどない）

ような状況では、相場全体が上昇傾向になっている確率が高いです。逆に、新高値や最高値の銘柄が少なく、新安値や最安値の銘柄が多いような状況では、相場全体が下落傾向になっている確率が高いです。

このように、新高値・最高値の銘柄と新安値・最安値の銘柄の比率を見れば、相場全体の状況がわかることもあります。

そのため、**ブレイク手法でトレードをしない人も、「新高値・新安値・最高値・最安値」の情報を把握しておきましょう。**

新高値・最高値の銘柄と新安値・最安値の銘柄の比率を見れば、相場全体の状況がわかる。

Q59 日経平均株価の動きは把握したほうがよいのか？

把握したほうがいいです。

日経平均株価の動きを把握し、手持ちの手法の中から最も利益を出しやすい手法を選んでトレードをすれば利益を出しやすくなります。

日経平均株価とは、国内の株式相場を代表する指標です。**日経平均株価の動きを把握すれば、相場全体の動きがわかるといってもよいでしょう。**

私は取引時間中、「前日比」「分足（1分足）チャート」「5分足チャート」を見ています。取引時間終了後、「日足チャート」を見ます。また、週末には、「週足チャート」「月足チャート」を見ています。日経平均株価の動きから、主に以下のことを見極めます。

- **相場全体の傾向（トレンド）**
- **リスクの度合い**

まずは、「上昇傾向なのか下落傾向なのか、それとも保ち合いなのか」を見極めます。

次に、「リスクが大きいのか、それとも小さいのか」を見極めます。

以上のことを見極めた上で、「最も利益を出しやすい手法」を選択し、その手法を使ってトレードをします。数ある手法の中から、現在の相場に合った手法を選び、それを使うということです。

これができるようになれば、どのような相場でもコンスタントに利益を出せるようになるでしょう。

あなたもトレードや投資をするのであれば、日経平均株価の動きは把握したほうがいいと思います。まずは、**「上昇傾向なのか下落傾向なのか、それとも保ち合いなのか」だけでもいいので、見極められるようになりましょう。**

「リスクの度合い」については経験を積まないとなかなか難しいと思いますが、コツをつかんだ後、「気付き」があればできるようになると思います。

日経平均株価の動きを把握すれば、相場全体の動きがわかる。日経平均株価の動きから、「相場全体の傾向（トレンド）」「リスクの度合い」を見極める。

Q60 日経平均先物の動きは把握したほうがよいのか？

把握したほうがいいです。

ただし、日経平均先物の動きは日経平均株価の動きと連動するため、**初心者やデイトレーダー以外の方は無理に把握する必要はないでしょう。**

日経平均先物とは、日経平均株価を原資産とする株価指数先物取引です。

日経平均株価と同様に、国内の株式相場を代表する指標です。

日経平均先物の動きから見極めるのは、「相場全体の傾向（トレンド）」「リスクの度合い」。

これも日経平均株価と同じになります。

「同じなら、日経平均株価の動きだけでいいのでは」と思うかもしれませんが、日経平均先物ならではの情報があるのです。

私にとっては重要な指標です。

この指標を重視するのは、前場終了（前場引け）から後場開始（後場寄り）までの間。いわゆる、「昼休み」の時間です。

前場終了後、一般的には株の取引がありません。

そのため、日経平均株価は動きません。

しかし、日経平均先物は取引があります。当然、先物の値は動いているわけです。

そのため、**昼休みに日経平均先物の動きを把握すれば、後場に（前場の引値に対して）上がって始まるのか、下がって始まるのかがわかる**のです。

年に何日かは、昼休みに日経平均先物が大きく変動します。この動きを把握していないと、後場寄りの急変で戸惑ってしまい、迂闊にリスクを取ってしまったり、儲けられるチャンスを逃してしまったりします。

そうならないためにも、昼休みに日経平均先物の動きを把握することが重要なのです。

デイトレードをしている方は、昼休みに日経平均先物の動きを把握したほうがいいでしょう。


昼休みの日経平均先物の動きが重要。デイトレーダーは昼休みに日経平均先物の動きを把握したほうがいい。

Q 61 NYダウの動きも把握しておいたほうがよいのか？

把握しておいたほうがいいです。

NYダウ（NYダウ平均株価）とは、経済新聞のウォールストリート・ジャーナルを発行しているダウ・ジョーンズ社が選んだ、米国株式市場を代表する30社の株価を元に計算される株価指数のこと。

米国の代表的な株価指数です。国内でいえば、日経平均株価のような指数です。

国内の株式相場は、NYダウの動きに大きく影響されます。**NYダウが上昇すれば国内の株式相場も上昇しやすくなり、NYダウが下落すれば国内の株式相場も下落しやすくなります。**

そのため、**NYダウの動きを把握しておいたほうが、国内の株式相場の動きを読みやすくなるわけです。**

私も毎朝、NYダウの結果（終値）を確認しています。

NYダウの終値は、日本時間の午前6時にはわかります（夏季時間制の間は5時）。

デイトレードをしている人は、NYダウの終値が前日比でプラスだったのか、マイナスだったのか、大きく上昇したのか、大きく下落したのか、わずかな上昇だったのか、わずかな下落だったのか、その程度の把握でいいでしょう。

その後、NYダウの日足チャートや5分足チャートなども見ておきましょう。上昇傾向なのか、下落傾向なのか、保ち合いなのかを確認します。

スイングトレードや短期売買をしている人は、NYダウの日足チャートや週足チャートなども見ておきましょう。

上昇傾向なのか、下落傾向なのか、保ち合いなのかを確認します。

しかし、**初心者でいろいろな情報を確認するほどの余裕がない人は、無理に把握する必要はないでしょう。**

まずは、国内の株式相場の動きをしっかりと把握することが重要です。

国内の株式相場はNYダウの動きに大きく影響されるので、NYダウの動きを把握しておいたほうがよい。

Q62 為替の動きも把握しておいたほうがよいのか？

把握しておいたほうがいいです。

この場合の為替とは、「米ドル／日本円」のことです。「ユーロ／日本円」や「ポンド／日本円」まで把握する必要はないでしょう。

国内の株式相場は、為替の動きに影響されます。円安になれば国内の株式相場は上昇しやすくなり、円高になれば国内の株式相場は下落しやすくなります。「米ドル／日本円」に置き換えると、「米ドル／日本円」が上昇すれば国内の株式相場も上昇しやすくなり、「米ドル／日本円」が下落すれば国内の株式相場も下落しやすくなります。

そのため、為替の動きを把握しておいたほうが、国内の株式相場の動きを読みやすくなるわけです。

私はＦＸもしているため、常時、為替の動きを見ています。ＦＸをしていなかったときも、為替の動きを見ていました。

どのようなことを把握すればよいのか、については、ＮＹダウとほぼ同じです。

デイトレードをしている人は、「米ドル／日本円」が前日比で上昇しているのか、下落しているのか、大きな上昇なのか、大きな下落なのか、わずかな上昇だったのか、わずかな下落だったのか程度の把握でいいでしょう。

その後、「米ドル／日本円」の日足チャートや5分足チャートなども見ておきましょう。上昇傾向なのか、下落傾向なのか、保ち合いなのかを確認します。スイングトレードや短期売買をしている人は、「米ドル／日本円」の日足チャートや週足チャートなども見ておきましょう。上昇傾向なのか、下落傾向なのか、保ち合いなのかを確認します。

これもNYダウと同じですが、**初心者でいろいろな情報を確認するほどの余裕がない人は、無理に把握する必要はないでしょう。**

為替の場合、NYダウほど国内の株式相場に影響しません。コンスタントに稼げるようになってからでいいと思います。

国内の株式相場は為替の動きに影響されるので、為替の動きを把握しておいたほうがよい。

Q63 スイングトレードではどのような銘柄を狙えばよいのか？

値動きの大きい銘柄です。

スイングトレードの場合、「数日間で利益を出せる」ということが条件になります。そのため、株価がいつ動くかわからない銘柄よりも、現在、株価が動いている銘柄のほうが適しています。株価がいつ動くかわからない銘柄では、数日間のうちに利益を出せるかわかりません。しかし、現在、株価が動いている銘柄であれば、数日間のうちに利益を出せる可能性があります。

探し方は簡単です。**デイトレードと同様に、騰落率ランキングを使えば簡単に探せます。**できれば、値動きのより大きな銘柄のほうがいいでしょう。値動きが大きい分、利益も大きく取れる可能性があります。

以下のことに注意が必要です。

● 高値圏にある（買いの場合）

● 決算発表がある

すでに高値圏にある場合、株価の振れ幅が大きくなることが多いので、利益を出しやすくな

ります。その反面、振れ幅で大きく損をする可能性があります。

たとえば、下振れが大きいと、寄り付きで大きくギャップダウンすることもあります。売り気配で始まるわけですから、ロスカットしたくても取引が成立していないのでできません。場合によっては、寄った時点で大きな含み損を抱えることがあるわけです。

こういったことから、初心者の方は、高値圏にある銘柄は避けましょう。

また、**大引け後に決算発表がある銘柄も注意が必要です。**決算の内容が株価にとってプラスであればいいのですが、マイナスであれば翌日、寄り付きで大きくギャップダウンする可能性があります。そのため、リスクを取りたくないのであれば、大引け後に決算発表がある銘柄は避けましょう。

スイングトレードでは、「数日間で利益を出せる」ということが条件になる。「高値圏にある(買いの場合)銘柄」や「大引け後に決算発表がある銘柄」は避けたほうがいい。

Q64 デイトレードではどのような銘柄を売買すればよいのか？

値動きの大きい銘柄を対象にします。

デイトレードは、１日のうちで決済する売買です。たとえば、ある銘柄を買ったとしたら、その日のうちに売る（決済する）わけです。株を持っている時間は長くても数時間（大引けまで）。私の場合、数分で決済することが多いです。場合によっては、数秒で決済することもあります。

このように**短い時間で決済するため、当日に株価が大きく動かないと、利幅を得るのが難しくなります。**

もし、株価３００円の銘柄が1日2円しか動かなかったらどうでしょうか。この銘柄をデイトレードで買ったとしても、なかなか利幅を得られないはずです。しかし、株価３００円の銘柄が1日50円動いたらどうでしょうか。

上手くトレードすれば、５円以上の利幅を取ることができます。また、トレードのチャンスも複数回あるでしょう。このように、値動きの大きい銘柄のほうが、利幅を得やすいのです。

私の場合、ブレの大きい銘柄が得意です。上げ下げの激しい銘柄のほうが利幅を得やすいといえます。大きな下ブレがなく上昇している銘柄や大きな上ブレがなく下落している銘柄はやりにくいです。

値動きの大きい銘柄は、「騰落率ランキング」を使うと簡単に見つけることができます。「値上がり率ランキング」と「値下がり率ランキング」です。これは、前日の終値に対して値上がり率の大きい銘柄や値下がり率の大きい銘柄のランキングです。

ある程度、**経験を積むと、騰落率ランキングを見ただけで、デイトレーダーがどの銘柄を盛んにトレードしているかがわかるようになります。**

デイトレーダーが盛んにトレードしている銘柄は値動きが荒くなりやすいので、**スキルがあれば、大きな利益を得られます。**

1日の値動きの大きい銘柄を対象にする。
値動きの大きい銘柄は、「騰落率ランキング」を使うと簡単に見つけることができる。

Q65 デイトレードでは企業の業績は関係ないのか？

ほとんど関係ありません。

しかし、まったく関係ないというわけではありません。

なぜなら、業績が材料で大きく動いている銘柄もトレードの対象になるからです。

株式投資をする方は、業績を気にすることでしょう。「業績は伸びているのか」「業績は安定しているのか」というように、会社四季報やネット証券の株価情報で確認している方も多いはずです。

株式投資や中長期のトレードにおいて、「企業の業績」は重要なファクターです。

しかし、**デイトレードにおいて、「企業の業績」は重要なファクターになりません。**好業績の銘柄だからといってトレードの対象にすることはありません。企業の業績はほとんど関係ないのです。

重要なのは業績ではなく、値動きです。デイトレードはその日のうちに決済するので、値動きの大きい銘柄を選ぶ必要があります。いくら業績がいい銘柄でも、その日、値動きが小さければ利益を出しにくいので、トレードの対象になりません。

逆に、いくら業績が悪い銘柄でも、その日、値動きが大きければ利益を出しやすいので、トレードの対象になるわけです。極端な話、半年後に倒産しそうな銘柄でも値動きが大きければ、トレードの対象になるわけです。

実際、デイトレーダーが群がり、お祭り騒ぎになる銘柄の何割かは業績が悪くて、とても長期投資には向きません。それでも、皆、**割り切ってトレードをしている**わけです。

しかし、業績がまったく関係ないというわけではありません。**決算発表で好決算の材料が出た銘柄は値動きが大きくなりやすい**ので、デイトレードの対象になります。そのため、企業の決算発表は把握しておいたほうが利益を得やすくなるわけです。

デイトレードでは企業の業績よりも値動きのほうが重要。決算発表で好決算の材料が出た銘柄は値動きが大きくなりやすいので、デイトレードの対象になる。

Q66 デイトレードでは騰落率ランキングを見たほうがよいのか？

大変便利なので、見たほうがいいでしょう。

私にとって、騰落率ランキングはなくてはならないツール。デイトレードで儲けるために欠かせないツールです。

これをどう使うかで、デイトレードで儲けられるようになるかどうかが決まるといってもよいでしょう。デイトレードだけでなく、スイングトレードや短期トレードをする方にも重要です。

騰落率ランキングを見れば、その時点で（前日の終値に対して）値動きの大きい銘柄がわかります。先にも述べたとおり、デイトレードでは値動きの大きい銘柄のほうが利幅を得やすいので、トレードする銘柄は騰落率ランキングにランクインしている銘柄の中から選びます。

大変便利なのですが、初心者が見ても、どの銘柄をトレードすればよいのかわからないはずです。騰落率ランキングの見方にはコツがいるからです。

そのコツとは、**「他のデイトレーダーの動き、心理を読むこと」**です。

私の場合、騰落率ランキングを見て、**「デイトレーダーがどの銘柄を狙っているか」「デイト**

レーダーが群がりそうな（またはすでに群がっている）銘柄はどれか」を見極めるようにしています。経験上、デイトレーダーが盛んにトレードする銘柄ほど利益を出しやすいことがわかっています。そのため、騰落率ランキングからデイトレーダーが盛んにトレードする銘柄を探すわけです。

銘柄が見つかれば、利益を出す自信があります。

デイトレードしている方で騰落率ランキングを見ていない方は見るようにしましょう。すでに見ている方は、他のデイトレーダーが群がりそうな銘柄を見極めるようにしましょう。

騰落率ランキングはデイトレードで儲けるために欠かせないツール。
騰落率ランキングからデイトレーダーが盛んにトレードする銘柄を探す。

Q67 デイトレードでは何銘柄くらい監視したほうがよいのか？

初心者であれば、3〜10銘柄。私の場合、現在は200銘柄を監視しています。

デイトレードでは、狙った銘柄の値動きを監視します。この監視している対象を「監視銘柄」といいます。

その数は、トレーダーによって異なります。2銘柄くらいの人もいれば、私のように数百銘柄の人もいるわけです。専業のデイトレーダーであれば、数十銘柄は監視しているはずです。

監視銘柄の数は、個人の能力によります。初心者が数百銘柄を監視しようと思っても、うまくいかないでしょう。混乱するだけです。

「初心者であれば、3〜10銘柄」と書きましたが、まずは1銘柄でもいいと思います。**その日、騰落率ランキングで値動きの大きい銘柄を見つけ、その値動きをずっと（継続して）見ます。**

初めのうちは、激しく変動する株価を追うのが精一杯でしょう。しかし、**慣れてくると、上げ下げのリズムがなんとなくわかってきます。**

また、**頭の中で、チャートが描けるようになります。**慣れてきたら、少しずつ監視銘柄の数を増やしていきましょう。

私自身、監視しているのは200銘柄ですが、よく見るのは10～20銘柄です（日によって増減します）。値動きの大きい銘柄はそれほど多くないので、このくらいです。結局、トレードするのも、このくらいの数です。

監視銘柄を増やせば、それだけトレードのチャンスが多くなります。しかし、自分の能力以上の銘柄を監視しようとすれば、目が行き届かなくなり、却ってトレードのチャンスを逃したりしてしまいます。

ちなみに、監視銘柄は「株価ボード」に登録して値動きを見ます。お勧めの株価ボードは、松井証券の「ネットストックトレーダー」と楽天証券の「マーケットスピード」です。私は、ネットストックトレーダーをメインにしています。

初心者は、まず1銘柄から。
慣れてきたら、少しずつ監視銘柄の数を増やしていく。

Q68 デイトレードではモニターで何を見ればよいのか?

トレーダーや手法によって異なります。

主に、以下の5つを表示させます。

● 株価ボード —— 板

● 騰落率ランキング —— 値上がり率ランキングと値下がり率ランキング

● 日経平均株価のチャート —— できれば、1分足、5分足、日足

● 個別銘柄のチャート —— 監視銘柄の5分足

● 株式ニュース —— マーケット速報

株価ボードには監視銘柄を表示させておきます。値動きを把握したり、エントリーのタイミングを見極めます。

騰落率ランキングは値動きの大きい銘柄を探すのに欠かせません。できれば、「売買代金ランキング」も表示させましょう。

日経平均株価のチャートは相場全体の動きを把握するのに必要です。全体の動きから、買いとカラ売りのどちらが有利かを見極めます。5分足だけでもいいのですが、できれば、1分足や日足の動きも見極めましょう。

個別銘柄のチャートはトレードのタイミングを見極めるのに必要です。

株式ニュースは材料が出た銘柄を見つけるのに欠かせません。また、相場の動きを左右するような材料を把握するのにも役立ちます。

以上の5つは、松井証券のネットストックトレーダーや楽天証券のマーケットスピードで表示させることができます。また、これをすべて表示させるとしたら、モニター1台では難しいと思います。できれば、3台くらいあるといいでしょう。

もちろん、**初めから3台揃える必要はありません。利益を出せるようになってから増やしましょう。**ちなみに、私は現在、6台です。

「株価ボード」と「騰落率ランキング」は欠かせない。モニターは3台くらいあるとよい。初めは1台で、利益を出せるようになってから増やしていく。

Q69 デイトレードではどのような練習をすればよいのか？

ロスカットを繰り返す練習がお勧めです。

デイトレードが上達する練習方法はいくつかあるのですが、最初にやっておきたいのが、ロスカットを繰り返す練習です。

デイトレードにかぎらず、株トレードではロスカットが大切です。ロスカットがきちんとできないと、株トレードで継続して儲けることはできないでしょう。

とくに、デイトレードは1回のトレードで得られる利幅がそれほど大きくないので、ロスカットをしないと1回のトレードで大きな損失を出してしまい、取り戻すのにかなりの時間がかかってしまいます。そのため、**まずは利食いすることを考えず、ロスカットすることだけを考えてトレードします。**

手法を決め、ロスカットするタイミングを決めておきます。たとえば、「買値から3円値下がりしたらロスカットする」と決めておくわけです。あとは、「買って、3円下がったらロスカット」を繰り返します。

一応、利食いのことは考えないようにしますが、トレードのうち何回かは値上がりするはずなので、そのときは利食いしましょう。「買うときは利食いのことを考えない」ということです。

この練習を繰り返すことで、ロスカットが身に付きます。また、利益を出しやすい銘柄や利益が出やすいトレードタイミングなどもわかります。

「実際に取引せず、模擬売買（シミュレーションの売買）で練習すればいいのでは」と思った方も多いことでしょう。

たしかに、それでも練習になりますが、やはり、実際に「資金が減る」というリスクがあるのと、ないのでは真剣さが違ってきます。また、模擬売買ではできても、実際のトレードでできるとはかぎりません。結局、実践でしなければならないのです。

こういったことから、**模擬売買ではなく、実際の取引で練習するべきです。**

ロスカットを繰り返す練習がお勧め。手法を決め、ロスカットするタイミングを決めて、あとはトレードを繰り返す。

Q70 スキャルピングで儲けられるのか？

儲けられます。

私は毎日（毎取引日）、スキャルピングをしています。

スキャルピングとは、わずかな利益を得る（狙う）トレードのことです。

たとえば、株価１００円の銘柄を買い、１、２円値上がりしたら売るといったトレードです。

１００円で買い、１０１円か１０２円で売るわけです。

「そのようなわずかな値幅で利益が出るのか」と思った方も多いことでしょう。

利益は出ます。現在、**売買手数料が安いので、わずかな値幅でも利益が出るのです。**

もちろん、１回のトレードで得られる利益は多くありません。１日に何回も繰り返すことで利益を積み上げていきます。株を持っている時間は、長くても数分。数十秒や数秒で売ることもよくあります。かなりスピード感のあるトレードです。

なんだかとても難しいように思えますが、実際にしてみると、意外に簡単です。

株価１００円の銘柄で、10円や20円の利幅を得るのは難しいことです。それなりに株価が動かないと得られません。しかし、わずか１、２円の利幅を得るのはそれほど難しいことではありません。株価がちょっと動けばいいわけです。

これはいうまでもありませんが、**スキャルピングにおいてはロスカットが重要になります。**1回のトレードで得られる利幅がわずかなので、大きな損失を出してしまうと取り戻すのが大変です。

よくあるパターンは、わずかな利幅を順調に積み重ねていったが、そのすべてを1回の大きな損失でなくしてしまうパターンです。

このようなこと避けるために、スキャルピングではロスカットをしっかりとしましょう。ロスカットは必須です。ロスカットが満足にできない人は大損する可能性が高いので、スキャルピングはやらないほうがいいでしょう。

現在、売買手数料が安いので、わずかな値幅でも利益が出る。スキャルピングではロスカットが必須。

Q71 システムトレードで儲けられるのか？

儲けられます。ただし、「ドローダウン」に注意が必要です。

システムトレードとは、予め決めておいたルールに従って継続的・機械的にするトレードのことです。

バックテスト（過去のデータによる検証）で利益が出ているのであれば、儲けられる確率が高いでしょう。トータルで利益が出ていて、なおかつ、コンスタントに利益が出ているシステムが理想です。私自身も、かつて、システムトレードで利益を得ていました。日経平均先物を対象にしたシステムトレードです。自分で作り、運用していました。

しかし、**現在では運用していません。**理由は以下の2つです。

1　ドローダウンが気になるから

2　システムトレードを使わなくても十分な利益を得られるから

1つ目の理由は、ドローダウンが気になるからです。ドローダウンとは、（累積された）最大資産からの下落率のこと。

ほとんどのシステムでは、大なり小なり、ドローダウンがあります。私が作ったシステムにもあります。バックテストのドローダウンは過去の結果に過ぎません。将来的に、もっと大きなドローダウンが発生する可能性があるわけです。このようなことを考えたら、システムトレードで運用する気がなくなりました。

2つ目の理由は、システムトレードを使わなくても十分な利益を得られるからです。手法を使ったトレードで確実に儲けられるので、わざわざシステムトレードを使わなくていいということです。**裁量によるトレードを極めてしまえば、ドローダウンはほとんど気になりません。**ドローダウンは大した額ではないので、すぐに取り戻し、累積資産額を更新できます。

ただ、やる、やらないは別として、システムトレードについては勉強しておいたほうがいいでしょう。勉強することで、手法作りのスキルがアップします。

バックテストでの結果がよくても、将来的に儲けられるとはかぎらない。過去の結果を超えるドローダウンに注意が必要。

Q72 サヤ取りで儲けられるのか？

難しいと思います。

サヤ取りとは、「買い」と「売り」のポジションを同時に持って、その2銘柄の価格差（サヤ）の拡大縮小（または伸縮）から利益を狙う手法です。

- **価格差が拡大すると予測したら——拡大を狙ったポジションにする**
- **価格差が縮小すると予測したら——縮小を狙ったポジションにする**

たとえば、銘柄Aの株価が500円で銘柄Bの株価が600円だったとします。この時点でのサヤは100円。

このサヤが拡大すると予測したら、銘柄Aをカラ売りし、銘柄Bを買います。サヤが縮小すると予測したら、銘柄Aを買い、銘柄Bをカラ売りします。

サヤ取りで重要なのが、「相関性」です。「同じような動きをしやすいか」です。相関性が高いほど同じような動きになります。当然、相関性が高い銘柄を選んでトレードをします。

かつて、東京電力（東証1部9501）と関西電力（東証1部9503）の2銘柄でサヤ取りをしている人がいました。当時はしっかりと利益を出していたようですが、現在はわかりません。相関性が高いといっても、それは「過去のデータ」です。東京電力のように株価が大きく変動してしまうこともあります。当然、**サヤも大きく変動してしまうことがあり得ます。**

ここがサヤ取りの難しいところです。

私自身は株のサヤ取りをしていません。かつて、商品相場ではしていました。利益を出していましたが、こちらも現在はしていません。ほかのトレードで十分に利益を出せるからです。身体は1つなので、稼げるところに絞り込んでいます。

読者にもサヤ取りを勧めようとは思いません。もっと効率のよいトレードをするべきです。そのほうが資産を殖やせるでしょう。

サヤ取りでは相関性が高い銘柄を取引する。相関性が高くても、株価が大きく変動してしまうこともあり、サヤも大きく変動してしまうことがある。

Q73 損小利大でなければ儲けられないのか？

必ずとはいえませんが、損小利大のほうが儲けやすいです。

損小利大とは、「損は小さく抑え、利は大きく取る」ということ。

たとえば、「ロスカットは10円幅、利食いは100円幅」というような売買のことです。「なんだ、簡単だよ」と思うかもしれませんが、実際にやろうと思うと、なかなかできないものです。

買った株が値上がりすると、つい、急いで売りたくなってしまいます。含み益がなくならないうち、含み益が減らないうちに、売って利益を確定させたくなるわけです。

しかし、買った株が値下がりすると、つい、そのままにしてしまいます。含み損がなくなる（なくなってほしい）と思うため、売らずに我慢しているわけです。そして、さらに値下がりして、我慢できなくなったときに売ることになります。当然、大きな損を出してしまいます。

いつの間にか、「損大利小」というトレードをしているわけです。

これでは儲かりません。

では、必ず損小利大にしなければ儲けられないのでしょうか。

そんなことはありません。手法にもよると思います。

私自身、「買値から1、2円値上がりしたら利食い、買値から3円値上がりしたらロスカット」というスキャルピングの手法があります。3円値下がりしたときに売り注文を出すと、買値から4円下での約定になることもあります。

利食い幅に対して、ロスカットの幅が倍。一見、かなり不利な手法のようです。

しかし、**この手法はトータルで大きな利益を出しています。物凄い金額を稼いでいます。**

じつは、**この手法はどのような相場でも勝率8割以上を叩き出せるのです。**

そのため、利よりも損のほうが大きくても、利益を出せるわけです。

このように手法によっては、損小利大でなくてもしっかりと利益を出せます。

しかし、**初心者は損小利大の売買を心掛けたほうがいいでしょう。**

ちなみ、このスキャルピングの手法は、16ページの「かぎりなく必勝法に近い攻略法」とは別な手法です。

初心者は損小利大の売買を心掛けたほうがいい。
勝率が高い手法であれば、損小利大でなくても利益を出せる。

Q74 トレーリングストップは使ったほうがよいのか？

場合によってですが、使ったほうがいいでしょう。

トレーリングストップ（トレーリングストップ注文）とは、ポジションを持った後、値動きに応じて、決済されるレートが自動的に変動する注文方法のこと。

たとえば、ある銘柄を株価５００円で買ったとしましょう。高値から20円下がったら売ることにします。株価が値上がりして５３０円になったら、５１０円に逆指値の売り注文が設定されます。この場合、株価が値下がりして５１０円になったら、株は売られます。買値が５００円ですから、10円分の利益です。

株価が下がらずに５４０円まで値上がりしたら、逆指値の設定は５２０円まで切り上がります。さらに値上がりして６００円になったら、逆指値の設定は５８０円まで切り上がります。つまり、常に高値から20円下に逆指値が設定されるわけです。このような注文が、トレーリングストップ注文です。メリットは、値動きに合わせて利益を大きく伸ばせることです。うまくトレンドに乗れたときは、大きな利益を得ることができます。

株を持っているときに値上がりすると、早く売って利益を確保したくなります。せっかくトレンドに乗ったのに、つい、売り急いでしまうものです。そして、その後、株価が大きく値上がりすると、「やっぱり売らなければよかった」と後悔するわけです。

このような経験は誰でもあると思います。トレーリングストップを使えば、このようなことはなくなるわけです。

私自身、トレーリングストップをよく使います。たとえば、**デイトレードで株を買っても、うまくトレンドに乗れたようなときは、トレーリングストップで利を伸ばすようにしています。相場がいいときは、月に何回か驚くくらい利が伸びることがあります。**

あなたも使えるようであれば、使ったほうがいいでしょう。なんだか難しく思えますが、実際にやってみると簡単です。高値からの値幅をいくらにするかは、少し経験が必要になります。すぐに、自分のトレードに合った値幅がわかるようになるはずです。一度、トレーリングストップで大きな利益を得れば、自信が付くと思います。

トレーリングストップを使えば、うまくトレンドに乗れたとき、大きな利益を得ることができる。

Q75 ピラミッティングで儲けられるのか？

大きく儲けられることがあります。

ただし、ロスカットができないと、大きく損をすることがあります。

ピラミッティングとは、買い増し・売り増しの手法の1つです。

●買いの場合――

買った銘柄の株価が値上がりするにつれて、徐々に株数を増やしながら買っていく

●カラ売りの場合――

売った銘柄の株価が値下がりするにつれ、徐々に株数を増やしながらカラ売りしていく

たとえば、初めに、500円で1000株買います。値上がりして600円になったら、もう2000株買います。さらに値上がりして700円になったら、もう4000株買います。

このようにして、買いの場合は株価が上がるに連れて、株数を徐々に増やしながら買い増ししていきます。

●ピラミッティングのメリット――

上手くトレンドに乗ることができれば、大きな利益を得られる

●ピラミッティングのデメリット――
トレンドに乗ることができなければ、利益を得るのが難しい

ピラミッティングが成功するかどうかは、株価のトレンドにかかっています。強いトレンドで株価が同じ方向に大きく動けば、株数を増やした分、大きな利益が出ます。

しかし、トレンドが弱く、株価が同じ方向にあまり動かなければ、株数を増やした分が損失になり、利益が減ってしまいます。場合によっては、含み益がなくなり、損失が出てしまうこともあります。

私自身、ピラミッティングはときどきする程度です。ピラミッティングを取り入れた手法もあるのですが、けっこう面倒なので、あまり使っていません。

上手くトレンドに乗ることができれば、大きな利益を得られる。トレンドに乗ることができなければ、利益を得るのは難しい。

Q76 二階建てはやらないほうがよいのか？

やらないほうがいいと思います。投資家やトレーダーによって考え方が異なるので一概にはいえませんが、私はお勧めしません。

二階建てとは、ある銘柄を現物で買い、なおかつ、信用取引でも（同じ銘柄を）買うことです。1階部分が現物で、2階部分が信用取引なのでしょうか。「1点集中」の投資・トレードです。

メリットとデメリットがあります。

- **メリット――買った銘柄が思惑通りに値上がりすれば、手持ちの資金が大きく増える**
- **デメリット――買った銘柄が思惑とは逆に値下がりすれば、手持ち資金が大きく減る**

資金効率のよい投資・トレードスタイルなので、一概に「悪い」とはいえないのですが、リスクを考えると「よい」ともいえません。

手持ちの資金が少なく、「ここで勝負して、資金を大きく増やしたい」というのであれば、二階建てというやり方もいいでしょう。人生において、勝負しなければならないときもあるはず。その勝負に勝って資金を大きく増やしてから、手堅い投資にすればいいでしょう。

ただし、ロスカットはしっかりとするべきです。そうしないと、資金のほとんどをなくしてしまう可能性があります。

大損したくないという人は、やらないことです。大損したくないのに、大きなリスクを取って勝負することもないでしょう。資金は1銘柄に集中させず、分散させます（50ページの分散投資の項目を参照）。

私自身、今までの投資歴・トレード歴の中で、二階建ては一度もしたことがないと思います。はっきりとは覚えていませんが、たぶん、ないはずです。

今後もするつもりはありません。

手持ちの資金が少なく、「ここで勝負して、資金を大きく増やしたい」というのであれば有効。
大損したくないという人は、やらないほうがいい。

Q77 仕手株で儲けられるのか？

儲けられます。

しかし、リスクコントロールが難しいので、初心者にはお勧めできません。

仕手株とは、仕手筋といわれる個人、または集団が、株価操作をした銘柄のこと。

かつて、「本尊」と呼ばれる仕手筋がいて、株価を大きく値上がりさせる銘柄がありました。

しかし、最近は本尊がいるような仕手株はほとんどないようです。

仕手株かどうかを見極めるのは、けっこう難しいです。

なにしろ、噂が多く、実体が見えないからです。仕手筋が買っているという確かな証拠がないので、推測の域に留まります。

しかし、実体が見えないからこそ、怪しくて、大化けしそうな気がし、トレーダーや投資家を惹きつけるわけです。

いずれにしろ、仕手株と噂されている銘柄は値動きが大きいので、利益を出しやすいです。

デイトレードやスイングトレードには向いています。

積極的に狙いたいところです。

仕手株は利益を出しやすい反面、損失が出やすいところもあります。**株価の乱高下が激しいので、思惑通りに動けばあっという間に大きな利益を手にできますが、思惑と逆に動いてしまうとすぐに大きな含み損を抱えてしまうことになります。**

この乱高下にしっかりと対応し、利益を出せるようになれば、デイトレーダーとして一人前といえるかもしれません。

そのためには、リスクコントロールが重要です。ロスカットのタイミングを予め決めておきましょう。小さなリスクで大きなリターンを狙うようにします。これが仕手株で儲けるコツです。

仕手株は株価の乱高下が激しいので、デイトレードやスイングトレードには向いている。ロスカットのタイミングを予め決めておき、小さなリスクで大きなリターンを狙う。

Q78 暴落相場でも買いで儲けられるのか？

儲けられます。

ただし、それなりのスキルが必要になります。**初心者は売買しないほうが無難です。**

この場合の暴落相場とは、「日経平均株価が数日間で大きく下落している」「日経平均株価が1日で大きく下落している」です。

人によって意見が異なると思いますが、数日間であれば1500円以上、1日であれば500円以上でしょうか。

こういった**暴落相場の場合によく使われる手法は、「リバウンド狙いの買い」**です。

リバウンド狙いの買いでは、急落したところのわずかな戻りで利益を狙います。相場が暴落しているわけですから、急落している銘柄や急落するタイミングはたくさんあります。仕掛けどころには困らないはずです。

しかし、実際にやってみると、かなり難しいと思うはずです。「リバウンドするだろうと思って買うと、さらに大きく下落する」ということがよくあります。それも勢いよく下落するので、初心者はその値動きに対応できないはずです。

暴落相場におけるリバウンド狙いのコツは、チャートをよく見て、なるべく株価が低い位置で買うことです。

すでに大きく下落している、または下げ切っているという銘柄、下げ切っているタイミングで買うこと。

こういった銘柄やタイミングでは、さらに下げたとしても、その下げ幅はわずかです。また、下がれば、買いたいというトレーダーや投資家が現れやすいので、切り返す可能性があります。

もちろん、ロスカットがきちんとできるということは、絶対条件です。**ロスカットがきちんとできないのに暴落相場で株を買うのはあまりにも無謀過ぎます。**

ちなみに、私は暴落相場におけるリバウンド狙いが大得意です。

暴落相場におけるリバウンド狙いのコツは、チャートをよく見て、なるべく株価が低い位置で買うこと。下げ切っている銘柄を、下げ切っているタイミングで買う。

Q79 暴落相場ではカラ売りのほうが儲けられるのか？

買いよりも、カラ売りのほうが儲けやすいといえます。

カラ売りのほうが有利ですが、必ず儲けられるわけではありません。

先にも述べた通り、ここでの暴落相場とは、「日経平均株価が数日間で大きく下落している」「日経平均株価が1日で大きく下落している」になります。数日間であれば1500円以上、1日であれば500円以上です。株価が下落しているわけですから、カラ売りのほうが有利といえば、有利です。エントリーのタイミングは大きく分けると2つ。

●安値を更新したタイミング

●戻ってきたタイミング

安値を更新したタイミングは、「ブレイク」ということになります。たとえば、安値が500円だったとします。この場合、株価が499円以下になったらカラ売りをするわけです。

戻ってきたタイミングは、「リバウンド狙い」の逆になります。たとえば、安値が500円だったとします。そこから少し戻ったらカラ売りをするわけです。510円まで戻ったらカラ売りする、520円まで戻ったらカラ売りする、というようにします。戻りの幅をいくらにするかは、相場次第、個別銘柄の動き次第です。

下落傾向なので、これで簡単に利益が出そうな気がしますが、**実際にやってみると、かなり難しいです。**安値を更新したタイミングでカラ売りすると戻ってしまい、含み損が出る。戻ってきたタイミングでカラ売りするとさらに戻ってしまい、含み損が出る。それで、ロスカットすると、そのあたりが戻りの高値になり、反落する。「決済しなければよかったな」と後悔するわけです。これを繰り返すことがよくあります。

上げ下げの呼吸を読むのは、上級トレーダーでもけっこう難しいものです。できれば暴落相場ではトレードをしないほうがいいでしょう。もし、トレードをするのであれば、ロスカットをきちんとすることです。

暴落相場でのカラ売りのタイミングは「安値を更新したタイミング」と「戻ってきたタイミング」のどちらか。

Q80 天井や底を見極めることはできるのか？

かなり難しいです。取引経験が豊富な人でも、なかなか見極められないでしょう。私自身も高い確率では見極めることができません。ただ、「たぶんここかな」「そろそろかな」程度なら見極められます。まずは、天井と底について説明しておきましょう。

● 天井――最高値のこと
● 底――最安値のこと

株トレードにおいて、天井や底がわかれば、大きく儲けることができます。天井がわかれば、そこでカラ売りをして利益を得られます。また、底がわかれば、そこで買って利益を得られるわけです。「底で買い、天井で売る。そして、天井でカラ売りし、そこで買い戻す」といったトレードを繰り返せば、動いた値幅をすべて利益にすることができるので、大きな利益を得られます。資金や値動き次第では、半年間や1年間くらいで一財産を築くことができるでしょう。

とても効率のよいトレードができるわけです。そういったことから、私もかなりの時間を割いて、天井や底の見極め方を研究しました。しかし、高い確率で見極められるようにはなっていません。難しいです。

それでも、天井や底になった直後のローソク足パターンはいくつかわかっています。

- **天井――大きく上昇した後に、「実体部分が極端に短く、上ヒゲが長いローソク足が出る」または「大陽線が出る」**
- **底――大きく下落した後に、「実体部分が極端に短く、下ヒゲが長いローソク足が出る」または「大陰線が出る」**

大きく上昇した後、急騰すると天井になりやすいようです。また、大きく下落した後、急落すると底になりやすいようです。もちろん、天井や底のローソク足パターンは様々なので、すべてがこれに該当するわけではありません。「このパターンが出ると確率が高い」ということです。次ページの図でパターンを覚えておきましょう。

**大きく上昇した後、急騰すると天井になりやすい。
また、大きく下落した後、急落すると底になりやすい。**

天井や底で出やすいローソク足

天井で出やすいローソク足

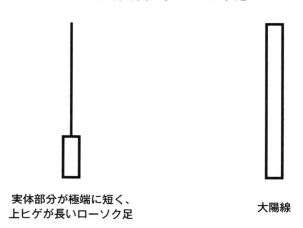

実体部分が極端に短く、
上ヒゲが長いローソク足

大陽線

底で出やすいローソク足

実体部分が極端に短く、
下ヒゲが長いローソク足

大陰線

Q81 大損した後はどのようなトレード・投資をすればよいのか?

すぐに取り戻そうとしないこと。

とくに、デイトレードでは、その日のうちに取り戻そうとしないことです。株トレードや株式投資をしていると、うまく立ち回っていても大きな損失を出してしまうことがあります。

私でも、ときどき大きな損失が出ます。買った銘柄の株価が急落。板とネット証券の管理画面を見ながら、「やっちまったな」と思います。

以前は、大きな損失が出ると感情的になり、損失分をすぐに取り戻そうとしました。そして、適当な銘柄、適当なタイミング、大きなロットで買う。

その結果、うまく取り戻すことができたときもありましたが、ほとんどの場合、損失がさらに拡大しました。

当然、落ち込むか、数日間、イライラが続きます。

現在では、大きな損失が出ても、このような無理なトレードをすることはありません。

大きな損失が出てしまった後は、「すぐに取り戻したい」という気持ちを抑えることが大切

です。

しかし、消極的になってはいられないので、少しは積極的にいきます。

私は、**「今日は損失額の半分だけ取り戻そう」「今日は損失額の3分の1だけ取り戻そう」というように、目標額を決めます。**仕切り直して、気持ちを切り替えて、再スタートします。

こうすることで、無理なトレードをすることなく、なおかつ、積極的なトレードができ、損失額を早く取り戻すことができるようになりました。

「無理なトレードをしても、すぐに取り戻したい」という方は、ギャンブル感覚のトレードでいいでしょう。

すぐに取り戻そうとしないこと。「今日は損失額の半分だけ取り戻そう」「今日は損失額の3分の1だけ取り戻そう」というように、目標額を決める。

Q82 専業トレーダーになるにはいくら必要か？

デイトレードをメインにした専業トレーダーであれば最低200万円、スイングトレードをメインにした専業トレーダーであれば最低500万円くらい必要だと思います。

最低200万円、最低500万円といった金額は、信用取引を利用するという前提での額です。感覚的ですが、このくらいは必要でしょう。

必要な金額は個人差が大きいといえます。トレードのスキルが高い人なら、これよりも少ない金額でもいいでしょう。逆に、トレードのスキルが低い人なら、もう少し多い金額が必要になります。

現在、デイトレードは1日のうちで無限に信用枠を使い回すことができます。たとえば、保証金が100万円あり、信用枠が300万円だったとします。デイトレードである銘柄を300万円分買い、数分後に売ったとします。以前は、この時点で信用枠を使い切ったことになり、この日はもう信用取引ができませんでした。しかし、2013年1月から信用取引制度が改定され、決済すれば信用枠が回復することになりました。

つまり、決済すれば、無限に信用枠を使えることになったわけです。そのため、100万円の保証金で1日トータル1億円のデイトレードも可能になりました。

このメリットを活かせば、**少ない資金でもデイトレードをメインにした専業トレーダーになれる**でしょう。

もちろん、資金的にいくら余裕があっても、トレードで利益を出せなくてはどうにもなりません。専業トレーダーになっても、資金をなくしてしまうことでしょう。

資金的な余裕も大切ですが、それよりも、トレードで利益をしっかりと出せるということも大切になります。それも、**コンスタントに出せるかが重要**です。ある月に100万円の利益が出たが、その翌月には80万円の損失が出た、といったように、安定しないようであれば駄目。50万円でもかまわないので、毎月、確実に利益を出せることが重要です。


デイトレードをメインにした専業トレーダーであれば最低200万円くらい、スイングトレードをメインにした専業トレーダーであれば最低500万円くらい必要。

Q83 中級者でもすぐに、確実に儲けられる方法はあるのか？

「すぐに」というのは難しいのですが、117ページで紹介した「株価移動平均かい離率を使ったトレード」と、119ページで紹介した「割安株のトレード（割安株への投資）」がいいでしょう。

「中級者編」のまとめ的な質問、回答です。

中級者の場合、少し勉強したり、トレードに対する考え方を少し変えるだけで、利益を出せるようになるはずです。

まずは、「1年を通して、しっかりと利益を出せること」を目標にしましょう。その足がかりとして、まずは、「株価移動平均かい離率を使ったトレード」で利益を出せるようにします。**カラ売りはやめたほうがいいでしょう。銘柄によっては踏み上げられてしまうからです。**買いだけに絞り込みます。

少しでも勝率を上げるため、また、リスクを抑えるため、「個別銘柄のかい離率」で買う銘柄を絞り込み、「相場全体のかい離率」で買うタイミングを見極めます。

もう1つは、「割安株のトレード（割安株への投資）」です。

このトレードを成功させるには、「ＰＢＲ」と「買うタイミング」がポイントになります。ＰＢＲの条件を厳しくすれば、勝率は上がります。ただし、あまり厳しくすると、対象銘柄がなくなってしまうので、相場状況に合わせて調整してください。

また、買うタイミングは相場が大きく下落したときです。「株を持っていた人が拡大する含み損の恐怖に耐え切れなくなって手放したとき」が絶好のタイミングです。

どちらのトレードもチャンスが少ないかもしれません。しかし、これができるようになれば、1年を通して利益を出せるはずです。

その後、スキルをアップさせて上級者になり、どのような相場環境でも利益を出せるようになりましょう。

「株価移動平均かい離率を使ったトレード」と「割安株のトレード（割安株への投資）」で、「1年を通して、しっかりと利益を出せること」を目標にする。

一生相場で稼ぎ続ける！

株究極の17問〈上級編〉

Q84 ブレイク手法で儲けられるのか？

儲けられます。

ただし、相場の傾向を見極め、その傾向による優位性をトレードに用いる必要があります。

ブレイク手法とは、「ある株価を上抜けしたら買う」、または「ある株価を割り込んだらカラ売りする」といった手法です。

「ある株価」とは、高値や安値です。レジスタンスライン（上値抵抗線）やサポートライン（下値支持線）を使ってもいいでしょう。

● **買いの場合――最高値、直近の高値、前日の高値、当日の高値、レジスタンスラインなどを上抜けしたら買います**

● **カラ売りの場合――最安値、直近の安値、前日の安値、当日の安値、サポートラインなどを割り込んだら売ります**

この手法で重要なのは、「相場の傾向による優位性」です。

買いの場合は相場全体が上昇傾向のとき、カラ売りの場合は相場全体が下落傾向のときに優位性があるといえます。

この優位性がないと、上抜けしても上昇が続かない、割り込んでも下落が続かない、ということになり、損をするトレードが多くなってしまいます。

優位性があれば、簡単に利益を得られます。**立ち回り次第では、大きなトレンドで一財産を築くことができるでしょう。**

ですから、まずは相場の傾向を見極めることから始めます。上昇傾向なのか、下落傾向なのかを見極めるわけです。

- **相場全体が上昇傾向 ―― 買いが有利なので、買いだけでトレード**
- **相場全体が下落傾向 ―― カラ売りが有利なので、カラ売りだけでトレード**

傾向の見極め方は123ページを参考にしてください。

ブレイク手法は相場の傾向による優位性を見極めることが重要。上昇傾向なら買いだけでトレード、下落傾向ならカラ売りだけでトレードする。

Q85 リバウンド狙い手法で儲けられるのか？

儲けられます。

ただし、ロスカットができないと、1回のトレードで大きな損失を負ってしまう可能性があります。

リバウンド狙いとは、大きな下落や急落した後のわずかな戻りで利益を狙う手法です。株価は、大きく下落したり、急落すると、少し戻る（リバウンドする）という習性があります。この習性を利用して利益を得ようというわけです。

株価の反転ではなく、わずかな戻りを狙うので、利幅もわずかです。

希に、株価が反転することもありますが、基本的には下落傾向の途中で買うことになります。

当然、リバウンドしなかったり、リバウンドしてもごくわずかな値幅に留まって再び下落し始めるということがあります。

そのため、以下のことを心掛けてトレードする必要があります。

- **大きな利幅を狙わない**
- **株価が下落したらすぐにロスカットする**

まず、大きな利幅を狙わないことが重要です。デイトレードなら、数ティックの利益を狙います。それを積み重ねていくようなイメージです。ボクシングにたとえるなら、ジャブを何度も出して点数を稼ぐことに徹する。けっして、ダウンを狙うような大振りのパンチを出さないようにします。

それと、ロスカットも重要です。買った後、株価が下がり始めたとき、「まだ、なんとかなる」とロスカットしないで持ち続けると、その後、さらに株価が下落し、大きな含み損を負うことになります。

下落傾向という流れに逆らったトレードなので、「素早い逃げ」が必要です。

リバウンド狙い手法では大きな利幅を狙わない。株価が反転したらすぐにロスカットする。

Q86 株価移動平均線ではどこが重要なのか？

角度が重要です。

儲けている人はわかっていると思いますが、株価移動平均線で最も重要なのは角度です。

株価移動平均線で重要なのは、「株価移動平均線と株価の位置関係」や「ゴールデンクロス・デッドクロス」だと思っている人が多いようです。

たしかに、この2つも重要なのですが、最も重要なのは角度なのです。

角度を見ることで、**「トレンドの強さ」がわかります。**

株トレードでは、トレンド（株価の傾向）を見極め、有利な状況でエントリーすることが大切です。トレンドさえ見極められれば、あとは簡単です。

たとえば、「上昇傾向が強い」とわかれば、あとは株を買えば利益が出る確率が高くなります。実際、強い上昇相場では多くの人が株を買って儲けられます。とくにトレードのスキルがなくても、利益を出せるわけです。

トレンドの強さは、株価移動平均線の角度に現れます。

●角度が急――トレンドが強い

●角度が緩い――トレンドが弱い

トレードにおいて重要なことなので、例を挙げて説明しておきましょう。次ページのチャートを見てください。

Aのところは、株価移動平均線の角度が急になっています。株価は大きく上昇しています。Bのところは、株価移動平均線の角度が緩やかになっています。株価は上昇していますが、それほどではありません。

株を買うとすれば、Aのあたりのほうが有利です。

このように、株価移動平均線の角度を見ることで、トレンドの強さがわかります。それをトレードに活かせば、利益を得やすくなるわけです。

株価移動平均線では角度が最も重要。角度を見ることで、トレンドの強さがわかる。それをトレードに活かせば、利益を得やすくなる。

株価移動平均線の角度が重要

五洋インテックス（東証ジャスダック7519）日足チャート

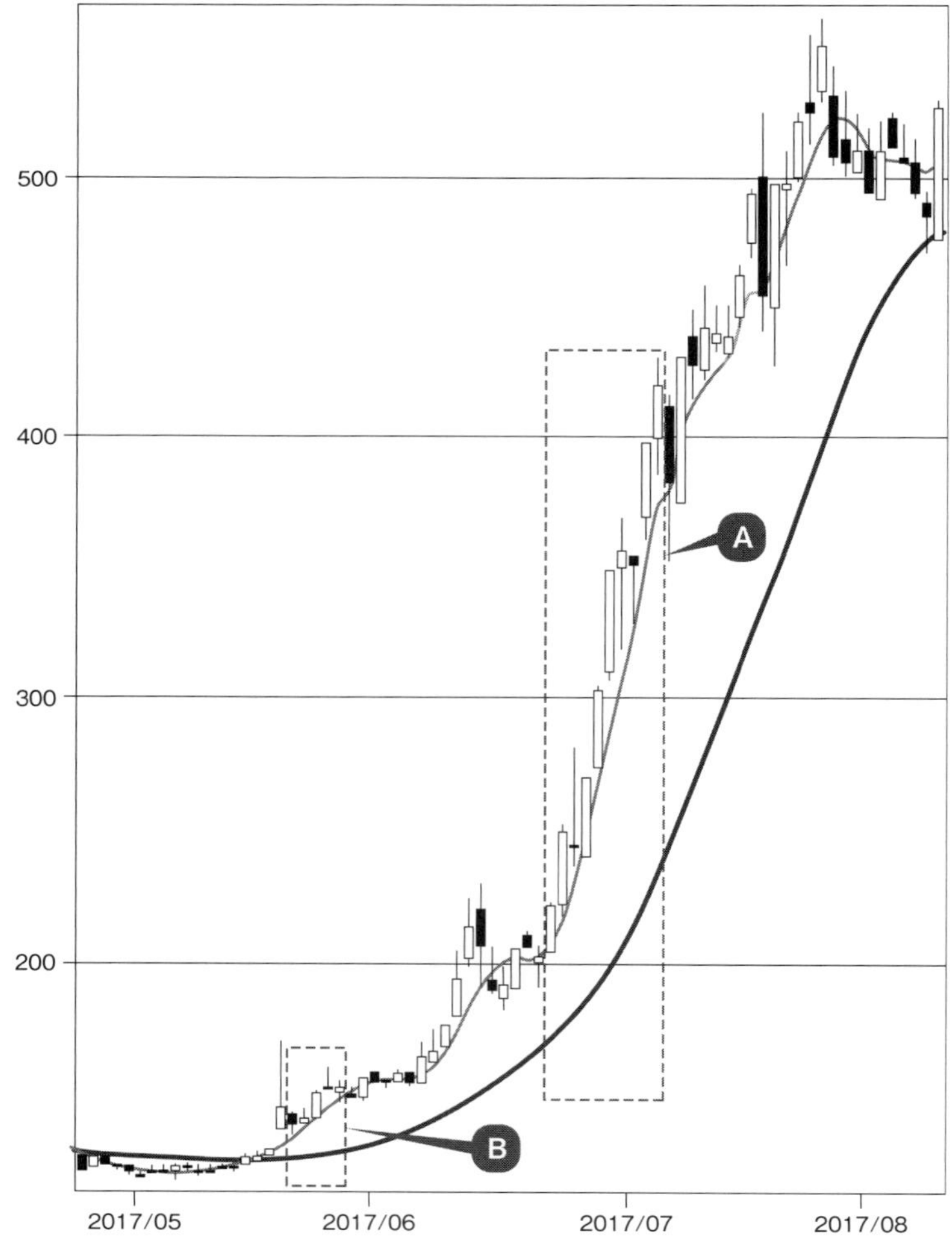

Q87 ボリンジャーバンドだけで儲けられるのか？

儲けられます。

ただし、一般的に知られている（使われている）方法では利益を出すのが難しいでしょう。

ボリンジャーバンドとは、米国のジョン・ボリンジャー氏が考案したテクニカル指標です。移動平均線と、その上下に値動きの幅を示す線を加えた指標です。

よく使われるのが、「±2σ」超での逆張り。 株価が「±2σ」を超えた時点でエントリーします。たとえば、株価が下落して「−2σ」を割り込んだら買い、株価が上昇して「＋2σ」を超えたらカラ売りといったトレードです。

実例を使って簡単に説明しておきましょう。203ページのAのところを見てください。株価の終値が「−2σ」を割り込んでいます。「下がり過ぎ」と判断し、ここで買います。その後、株価は反転して上昇しました。この例ではうまく利益が出たことになります。

いつもうまくいくとはかぎりません。逆張りなので、反転しなければ、利益が出ません。また、株価の傾向が続けば、含み損が拡大していくことになります。当然、ロスカットが重要になります。

この手法はダマシが多いので、コンスタントに利益を得るのが難しいと思います。

やはり、**手法のベース、またはフィルターとし、他の指標とあわせて使ったほうがいいでしょう。**

たとえば、ボリンジャーバンドをベースにし、株価が下落して「－２σ」を割り込んだところでストキャスティクスがゴールデンクロスになったら買い、というように組み合わせます。

もちろん、例えとして思いついたことを書いただけなので、実際に利益が出るかどうかわかりません。

いずれにしろ、ボリンジャーバンドだけで使うのではなく、他の指標とあわせて使ったほうが利益を出しやすいでしょう。

「±２σ」での逆張りはダマシが多いので注意が必要。ボリンジャーバンドだけで使うのではなく、他の指標とあわせて使ったほうが利益を出しやすい。

ボリンジャーバンドの売買シグナル

ソフトバンクグループ（東証1部9984）日足チャート

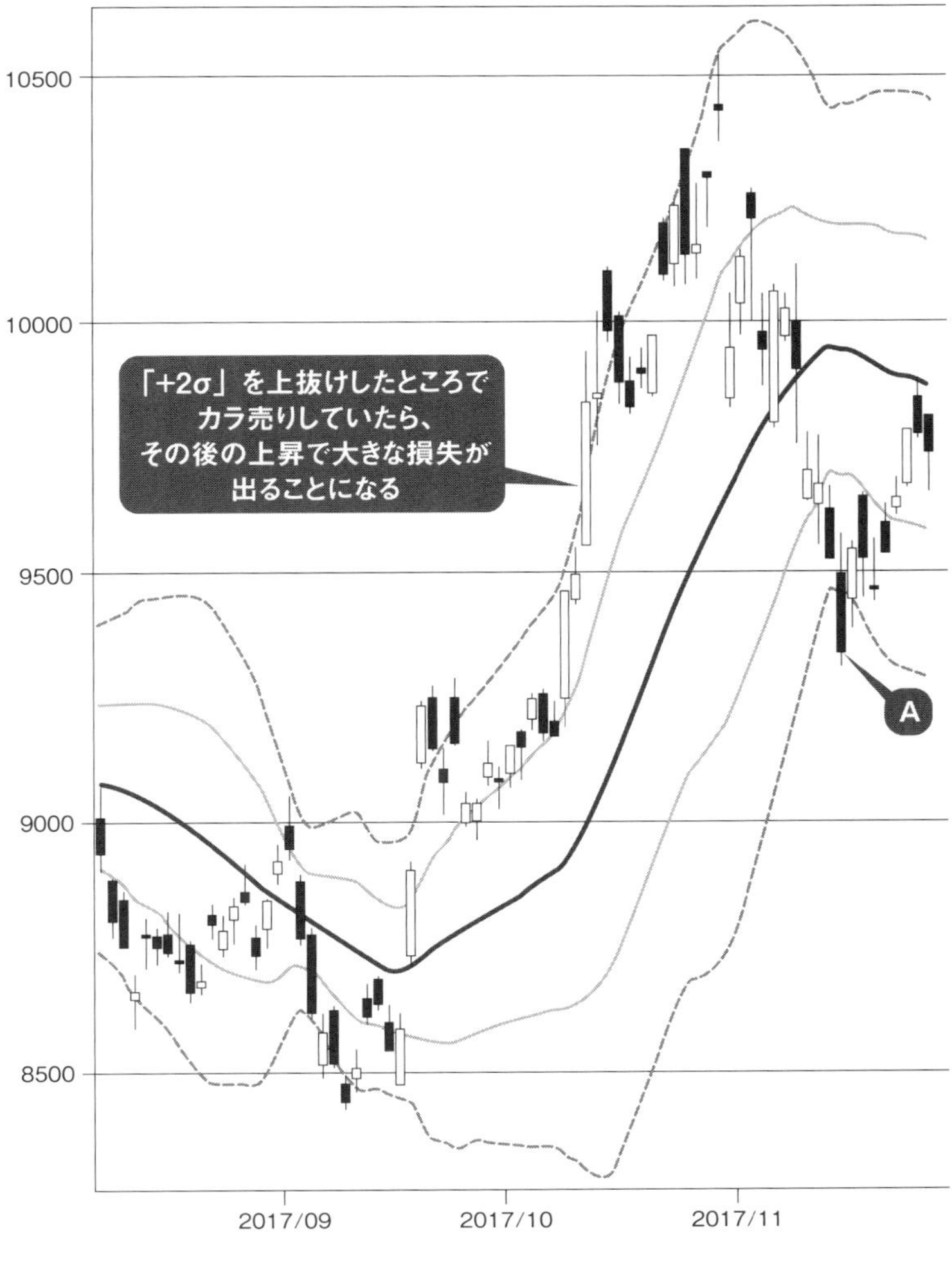

Q88 ボリンジャーバンドはどのように使えば効果的なのか？

私は、順張りに使っています。

先にも述べた通り、ボリンジャーバンドを使ったトレードというと、「±2σ」超えでの逆張りが有名です。

しかし、実際にこのトレードをしてみると、ダマシが多いことに悩まされます。このトレードをする際は、バンドが十分に拡がった状態でエントリーすることが重要です。それでもダマシがあります。

ただし、ボリンジャーバンドは使い方次第で利益を得ることができます。

私自身、最近は順張りに使うことが多いです。あまり詳しくは書けませんが、順張りに使ってみたら、かなり効果的でした。

その際、重視しているのは、以下の3つです。

- **センターバンドの向きと角度**
- **「±1σ」の向きと角度**
- **「±1σ」と株価の位置関係**

まず、センターバンドの向きと角度が重要です。これは、移動平均線と同じです。センターバンド自体が移動平均線なので、重視するところも同じになります。センターバンドの向きと角度で、上昇、または下落に勢いがあるかどうかを見極めるわけです。

次に、「±1σ」の向きと角度を重視します。上昇、または下落に勢いがあるかどうかを見極めると同時に、傾向が継続しているかどうかを見極めるわけです。

最後に、「±1σ」と株価の位置関係を重視します。このあたりで、トレードできるかどうかを見極めるようにしています。

以上のことを参考に、ボリンジャーバンドについて勉強してみると、**利益を出せる手法ができる可能性が高くなるでしょう。**

ボリンジャーバンドを順張りに使う。センターバンドの向きと角度、「±1σ」の向きと角度、「±1σ」と株価の位置関係を重視する。

Q89 オーバーナイトトレードで儲けられるのか?

儲けられます。

私は現在もオーバーナイトトレードで儲けています。

オーバーナイトトレードとは、「1泊2日のトレード」のこと。「今日買って、明日売る」といった、1日だけ持ち越すトレードです。

基本的には、終値と翌日の始値の価格差を狙います。大引けで仕込み(新規の買い、またはカラ売り)、翌日の寄り付きで決済します。

当然、株価が変動しないと利益を出せません。

そこで狙うのは以下のような銘柄です。

● **翌日値上がりそうな銘柄**

● **翌日値下がりそうな銘柄**

翌日値上がりそうな銘柄を買い、翌日値下がりそうな銘柄をカラ売りします。

できれば、**買いとカラ売りの両方を持ったほうがいいでしょう。**

たとえば、深夜にNYダウが大きく値下がりしたとします。当然、翌日の国内株式相場では、多くの銘柄が値下がりして始まります。もし、買いばかりだったら、大きな損失になってしまいます。カラ売りもしていれば、その分の利益で、買いで出た損失分を減らすことができるのです。

一見、非効率のようですが、**買いとカラ売りの両方のポジションを持つことでリスクヘッジになる**わけです。

私は、買いとカラ売りの比率を調整しています。

相場が上昇トレンドのときは買いの比率を高くし、相場が下落トレンドのときはカラ売りの比率を高くしています。こうすることで、リスクヘッジをしながらでも、効率よく利益を得られるようになるわけです。

オーバーナイトトレードでは、買いとカラ売りの比率を調整し、リスクヘッジをしながら効率よく利益を狙う。

Q90 オーバーナイトトレードではどのような銘柄を狙えばよいのか？

値動きに勢いがある銘柄を狙います。

そのほうが利益を出しやすいからです。

基本的には、先にも述べた通り、「翌日の寄り付きで値上がりそうな銘柄」「翌日の寄り付きで値下がりそうな銘柄」を狙います。

終値と翌日の始値の価格差を狙うので、「ギャップアップ」または「ギャップダウン」に期待します。

●ギャップアップ――
窓を空けて上昇した状態のこと。前日の終値に対して、始値が高い状態

●ギャップダウン――
窓を空けて下落した状態のこと。前日の終値に対して、始値が低い状態

ギャップアップやギャップダウンは、株価の動きに勢いがあると起こりやすいです。

そのため、株価の動きに勢いがある銘柄を狙います。

買いでもカラ売りでも、翌日、値動きがなければ、利益を得られません。売買手数料の分が損失になってしまいます。

具体的には、当日に急騰した銘柄、急落した銘柄です。

とくに、以下のような銘柄は、ギャップアップ・ギャップダウンの確率が高くなります。

- **デイトレーダーが盛んに売買する銘柄**
- **直近の高値を上抜けた・直近の安値を割り込んだ銘柄**
- **チャートの形がよい（たとえば、長い下ヒゲが出た・長い上ヒゲが出たなど）銘柄**

また、銘柄を選ぶ際は、日足チャートで「5日移動平均線の角度」と「5日移動平均線と株価の位置」に注目しましょう。

これ以上は書けませんが、いろいろと見えてくるはずです。

株価の動きに勢いがある銘柄を狙う。日足チャートで、「5日移動平均線の角度」と「5日移動平均線と株価の位置」に注目する。

Q91 ストップ高狙いで儲けられるのか？

儲けられます。 ただし、リスク管理が重要。ロスカットができないと、大きな損失を出してしまう恐れがあります。ストップ高狙いとは、ストップ高になった銘柄、または、ストップ高になりそうな銘柄を買い、翌日のギャップアップを狙う手法です。

●ストップ高になった銘柄を狙う場合――買い注文を出しておき、再び寄り付いたときに買うか、比例配分で買います

●ストップ高になりそうな銘柄を狙う場合――ストップ高になりそうな勢いを確認し、ストップ高の少し手前で買います

ストップ高になった銘柄を狙う場合は、買えないこともあります。再度、寄り付けば、その時点で買えますが、寄り付かなければ比例配分という抽選になるので、買えないこともあるわけです。

ストップ高になりそうな銘柄を狙う場合は、買えます。まだ取引が行われているので、買えるわけです。しかし、買った株がストップ高にならないこともあります。

ストップ高狙いは、運がよいと、翌日以降、ストップ高が続くこともあります。当然、1回のトレードで大きな利益を得られるわけです。

しかし、この手法はロスカットができないと、大きな損失を出してしまう恐れがあります。ストップ高になった後、下落してしまうこともよくあります。当然、ロスカットをしないと大きな含み損を抱えてしまいます。また、翌日、ギャップダウンして始まることもあります。ストップ高になった銘柄は、翌日、ギャップアップする確率が高いのですが、絶対ではありません。ギャップダウンした場合、ロスカットをしないと大きな含み損を抱えてしまいます。

ですから、きちんとロスカットをできないようであれば、やらないほうがいいでしょう。**ストップ高狙いは、資産を大きく殖やせる可能性があります。**デイトレードができる環境であれば、一度、時間を割いて、しっかりと勉強しておきましょう。

ストップ高狙いでは、リスク管理が重要。ロスカットができないと、大きな損失を出してしまう恐れがある。

Q92 ストップ高狙いの銘柄はどのようにして見つければよいのか？

「値上がり率ランキング」を使います。２１０～２１１ページに書かれている内容を読んで、「ストップ高狙いを始めたい」「ストップ高狙いで儲けたい」と思った方も多いことでしょう。そこで、あえてこの質問を作り、ストップ高狙いのやり方について説明することにしました。

まずは、値上がり率ランキングを見ます。値上がり率ランキングとは、前日の終値に対して値上がり率の高い順に表示したランキングのことです。当然、上位ほど値上がり率が高いわけです。

ストップ高までの値幅は前日の終値に対して決まっているので、**ストップ高になりそうな銘柄は必ずといっていいほど、値上がり率ランキングの上位にランクインします。**そのため、値上がり率ランキングを見ていれば、ストップ高になりそうな銘柄を見つけられます。

値上がり率ランキングは無料で見ることができます。たとえば、松井証券であれば、取引口座の管理画面にログインし、「情報検索」のページの「ＱＵＩＣＫ情報」の「ランキング」のところにあります。

このランキングでストップ高近くまで上昇している銘柄を見つけたら、**「ストップ高になっ**

てから買うか」「ストップ高になりそうなときに買うか」を決めます（探す前に決めておいてもいいでしょう）。あとは、買い注文を出すだけです。

その際、**「値下がりしてきたら、どこでロスカットするか」を決めておきます。**翌日は寄り付き前から板を見て注文状況を確認します。買い注文が少なく、ギャップダウンしそうなら、ロスカットします。

買い注文が多く、ギャップアップしそうなら、「どこで利食いするか」を決め、指値注文を出しておきます。極端に買い注文が多く、ストップ高になりそうなら、様子見です。

初めは相場がよいときにしましょう。そのほうが、**ストップ高になる銘柄が多いし、翌日の寄り付きでギャップアップする確率が高いので、利益を出しやすい**からです。

ストップ高狙いの銘柄は値上がり率ランキングで探す。翌日は寄り付き前から板を見て注文状況を確認し、売るタイミングを決める。

Q93 酒田五法だけで儲けられるのか？

使い方次第で儲けられるでしょう。

酒田五法とは、江戸時代の相場師・本間宗久によって編み出されたチャート分析方法です。

酒田五法のチャートパターン（売買シグナル）はいくつかあります。

正直、「かなり使えるパターン」と「あまり使えないパターン」があります。「三羽烏」や「赤三兵」などは、あまり使えるとは思っていません。

勉強したほうがいいのか、それとも勉強しなくてよいのか、といえば、勉強したほうがいいでしょう。

時間を割いて勉強する価値はあります。

勉強して使えるパターンがわかれば、酒田五法だけで利益を出すことは十分に可能です。

また、手法に取り入れれば、かなり精度の高い手法になります。

私自身、酒田五法を使っています。

デイトレードでも、スイングトレードでも使っています。

たまたま、「このチャートパターンは使える」と思って使っていたパターンのいくつかが、酒田五法のチャートパターンと同じだったのです。

それに気付いたとき、「酒田五法はかなり使えるな」と思いました。実際、かなり使えます。

「使えるパターン」と「使えないパターン」の見極め方は簡単です。

1 日足のチャート誌を購入

2 酒田五法のチャートパターンを1つずつ検証していく

これで、「使えるパターン」と「使えないパターン」がわかります。面倒な作業ですが、時間を割いて作業する価値はあります。

かなり使えるパターンとあまり使えないパターンがある。勉強して使えるシグナルがわかれば、酒田五法だけで利益を出すことは十分に可能。

Q94 持ち株のヘッジは掛けたほうがいいのか？

掛けたほうがいいです。ただし、やたらと掛けると利益が減ってしまい、効率が悪くなってしまうので注意が必要です。

ヘッジとは、株式や為替の変動リスクを回避するための取引のこと。一般的には、先物でヘッジを掛けます。私の場合、先物や個別銘柄の株式でヘッジを掛けることが多いです。

ヘッジの掛け方を簡単に説明しておきましょう。

●持ち株（買い玉）にヘッジを掛ける――日経平均先物のショートポジションを持つ

●カラ売り玉にヘッジを掛ける――日経平均先物のロングポジションを持つ

たとえば、ある銘柄を持っていたとします。相場が急変し、大きく下落する可能性というのは常にあるわけです。そのリスクを避ける（または軽減させる）ためにヘッジを掛けます。この株にヘッジを掛ける場合、当然、値下がりに対するヘッジを掛けるわけですから、日経平均先物のショートポジションを持ちます。

こうすることで、相場全体が大きく下落して持ち株が値下がりしても、日経平均先物のショートポジションで利益が出るので、持ち株の値下がり分をカバーできます。つまり、

●持ち株——株価が値下がり、含み益が減る。または含み損が出る

●日経平均先物のショートポジション——含み益が出る

ということです。仮に、持ち株の含み益が20万円分減ったとしても、日経平均先物のショートポジションで10万円の利益が出るので、差し引き10万円のマイナスで済みます。

しかし、やたらとヘッジを掛けると利益が減ってしまい、効率が悪くなってしまいます。たとえば、相場全体が大きく上昇した場合、持ち株の含み益は増えますが、ヘッジとして掛けた日経平均先物のショートポジションは含み損が出ます。

差し引きで、利益が少なくなってしまうわけです。ここは掛けておいたほうがいい、というタイミングで掛けるようにしましょう。

持ち株(買い玉)にヘッジを掛ける——日経平均先物のショートポジションを持つ
カラ売り玉にヘッジを掛ける——日経平均先物のロングポジションを持つ

Q95 日経平均先物以外でヘッジを掛ける方法はないのか？

ETFや個別銘柄の信用取引でできます。先にも述べたように、一般的にヘッジは先物で掛けます。日経平均先物のラージ（L）、またはスモール（S）で枚数を調整して掛けます。

ただ、「日経平均先物の取引がよくわからない」「日経平均先物には抵抗がある」という方も多いことでしょう。それに、先物取引を始めるには、先物の口座が必要になります。すぐには始められません。そこで、先物以外でのヘッジの掛け方を紹介しておきます。方法は2つ。どちらも信用取引口座があればできます。

1　ETFでヘッジを掛ける

2　個別銘柄でヘッジは掛ける

1つ目の方法は、ETFによるヘッジです。ETFとは、上場投資信託（上場投信）のことです。投資信託なのですが、上場株式のように売買できます。

ETFの中には日経平均株価に連動するものがあります。それを使います。たとえば、持ち株にヘッジを掛ける場合、日経225連動型上場投資信託（コード1321）を売り建てます。カラ売り玉にヘッジを掛ける場合、日経225連動型上場投資信託を買い建てます。

このようにすれば、日経平均先物と同じようにヘッジを掛けることができるわけです。

2つ目の方法は、個別銘柄によるヘッジです。持ち株にヘッジを掛ける場合、持ち株とは別な銘柄のカラ売り玉（売り建て玉）を持ちます。カラ売り玉にヘッジを掛ける場合、持ち株とは別な銘柄の買い建て玉、または現物株を持ちます。

たとえば、相場全体が急落した場合、持ち株の株価は値下がりして含み益が減ったり、含み損が出ますが、ヘッジとしてカラ売り玉を持っていれば、そちらで含み益が出ます。持ち株の値下がり分をカバーできるわけです。個別銘柄でヘッジを掛ける場合に注意すべき点は、「カラ売り玉は下がりそうな銘柄にする」「買い建て玉は上がりそうな銘柄にする」です。ヘッジの銘柄はどれでもかまわないというわけではなく、チャートなどを見て、より下がりそうな銘柄、より上がりそうな銘柄を選ぶことが重要です。

日経平均先物以外でヘッジをする場合は、ETFや個別銘柄でする。個別銘柄でヘッジを掛ける場合は、より下がりそうな銘柄、より上がりそうな銘柄を選ぶ。

Q96 ヘッジはどのタイミングで掛ければよいのか？

反転する確率が高くなったタイミング、または思惑と逆のトレンドが発生したタイミングで掛けます。ヘッジは、スイングトレードや短期売買ではそれほど必要ないでしょう。下手にヘッジを掛けると、パフォーマンスが悪くなってしまいます。

しかし、決済期限を決めない中長期売買や投資では、適切なタイミングでヘッジを掛けたほうがいいと思います。とくに、なんらかの事情で、持ち株を売れない場合は、ヘッジを掛けて資産を守るべきです。ヘッジを掛けるタイミングは以下のとおりです。

●反転する確率が高くなったタイミング

●思惑と逆のトレンドが発生したタイミング

反転する確率が高くなったタイミングとは、たとえば、相場が加熱して急落する確率が高くなったときです。具体的なタイミングの見極めは難しいのですが、チャートを見ることでだいたいのタイミングがわかります。「株価が大きく上昇した後に大陽線が出た」「株価が大きく上昇した後に長い上ヒゲが出た」という形になると急落する確率が高くなるので、一時的にでもヘッジを掛けておきましょう。思惑と逆のトレンドが発生したタイミングとは、たとえば、下降トレンドになったときです。株を持っているときに下降トレンドが続けば、含み益がどんどん減り、場合によっては含み損が出てしまいます。そうならないためにも、ヘッジを掛けておく必要があります（株価傾向の見極め方は123ページ参照）。

私自身、短期トレードがメインですが、ヘッジはよく掛けています。主に、オーバーナイトトレードでのヘッジです。簡単にいうと、一泊二日のトレードです。大引けでポジションを持ち、翌取引日の寄り付きでの値上がりや値下がりを狙います（206ページ参照）。深夜の米国株式市場の影響を受けるので、ヘッジを掛ける形でポジションを持ちます。たとえば、上昇傾向が強いときは買いポジションで値上がりを狙うのですが、米国株式市場が急落や暴落することもあるので、売り建てのポジションもヘッジとして持つようにしています。

ヘッジは、反転する確率が高くなったタイミング、または思惑と逆のトレンドが発生したタイミングで掛ける。

Q97 1つの手法で利益を出し続けることができるのか？

できないこともない、と思います。しかし、**よほど優れた手法でないかぎり、コンスタントに利益を出し続けるのは難しい**と思います。

相場には、いろいろな局面があります。大きく分けると、上昇局面、下落局面、保ち合いの3つです。また、同じ上昇局面でも、強い場合と弱い場合、長い場合と短い場合があります。同様のことが下落局面にもいえます。また、保ち合いでも、上下幅が広い場合もあれば狭い場合もあります。

これらの局面すべてを1つの手法で利益を出し続けるのは、かなり難しいことなのです。たとえば、「直近の高値を上抜けたら買う」という手法を使うとします。「ブレイク手法」といわれているものです。これを強い上昇局面で使うと、かなり利益を得られます。しかし、逆に強い下落局面で使うと、ロスカットの連続になったり、利益が出ても大きく伸びないということになります（買いでトレードする場合です。カラ売りでの結果はまた違ったものになります）。

そのため、**複数の手法を持ち、局面に合わせて使い分けたほうがいい**でしょう。

私の場合、手法はいくつも持っていますが、すべての局面で利益をコンスタントに出せるのは、たった1つだけです。**これはデイトレード・スキャルピングの手法です。上昇局面でも下落局面でも、保ち合いでも利益を出せます。**

1つの手法で利益を出し続けることができるわけです。

こういった手法は、なかなか作れるものではありません。たくさんの手法を作って、やっと1つできたわけです。

できる確率は極めて低いので、それよりも、局面に合わせて複数の手法を使い分けたほうがいいでしょう。そのほうが早く常勝トレーダーになれると思います。

1つの手法で利益を出し続けるのは、かなり難しい。複数の手法を持ち、局面に合わせて使い分けたほうがいい。

Q98　手法はどのようにして作ればよいのか？

「気付き」をベースにします。

手法は何もないところから作ることはできません。

まず、21ページで述べた「気付き」が必要です。この「気付き」を手法のベース（場合によってはフィルター）にして作っていきます。

●手法の構成

1　ベース――絶対条件

2　フィルター――篩《ふるい》となる条件。ベースの条件を満たした銘柄を、指標などでさらに絞り込む。または、手法の精度を高めるため、損失が出やすい状況を除外する

3　トリガー――売買タイミングを決める条件。フィルターの条件を満たした銘柄の売買タイミングを見極める

フィルターは複数でもかまいません。また、フィルターとトリガーが同じになってもかまいません。どのように作るのか、例を挙げて説明しましょう。あくまでも、「たとえ」です。

たとえば、数多くのチャートを見ていて、「株価が大きく上昇した後、実体部分が短くて、なおかつ、長い上ヒゲのローソク足が出ると株価が下がりやすい」ということに気付いたとします。これをベースにします。「下がりやすい」わけですから、カラ売りの手法を作ります。

この手法の精度を高めるため、「株価が移動平均線から大きく離れたら」という条件を加えます。これがフィルターになります。

最後に、売買タイミングを決めるため、「終値が移動平均線を割り込んだら」という条件を加えます。これがトリガーになります。手法はこのようにして作っていきます。

手法作りで最も重要なのは、ベースとなる「気付き」の部分です。ここがイマイチだと、利益を出しにくい手法になってしまいます。

手法は「気付き」をベースにして作る。手法の構成は、「ベース」「フィルター」「トリガー」の3つからなる。

Q99 手法の精度を高めるにはどうすればよいのか？

手法の精度を高めるよりも、手法を使い分けたほうが儲けられるでしょう。

質問の回答から逸れてしまいますが、これが本音です。

手法の精度を高める方法はいくつかあるのですが、私がしているのは主に以下の2つです。

● フィルターを重ねる

● 絶対的なフィルターを加える

方法の1つとしては、フィルターを重ねます。

フィルターは、「篩《ふるい》」のような役割をします。いくつか重ねることで、該当銘柄や売買タイミングをさらに絞り込むわけです。

しかし、フィルターは多ければよいというものではありません。あまり多くすると、該当銘柄や売買タイミングが極端に少なくなってしまい、資金効率が悪くなってしまいます。1～3つくらいに抑えるべきです。

もう1つの方法としては、絶対的なフィルターを加えます。絶対的なフィルターとは、株価の動きを高い確率で当てることができるフィルターです。

どちらも、かなりのスキルがなければできません。

それよりも、複数の手法を作り、その手法を使い分けたほうが現実的です。

それぞれの手法について、「どのような状況で最も利益を得られるか」を考えます。適している相場を見極めるわけです。

たとえば、「強い上昇トレンドのときに最も利益を得られる」とか「大きく上昇した後の急落場面に適している」といったように見極めます。

これがわかれば、あとはそれに該当する状況で使えばいいわけです。

もちろん、これには相場の状況を見極めるスキルが必要になりますが、手法の精度を高めることよりも簡単です。

手法の精度を高めるよりも、手法を使い分ける。
それぞれの手法について、「どのような状況で最も利益を得られるか」を見極め、状況によって使い分ける。

Q100 上級者ですぐに、確実に儲けられる方法はあるのか？

「すぐに」ということなら、２１０ページで紹介した「**ストップ高狙い（ストップ高銘柄の持ち越しトレード）**」。

「確実に」というのはスキル次第なのですが、１９４ページで紹介した「**ブレイク手法**」と、２１４ページで紹介した「酒田五法」をベースにし、２０６ページで紹介した「**オーバーナイトトトレード**」。

この項は、「上級者編」の質問全体に対するまとめ的な回答です。

上級者の場合、「毎月、利益を出せる」を目標にしましょう。

手っ取り早いのは、「ストップ高狙い（ストップ高銘柄の持ち越しトレード）」です。これなら、すぐに始められます。なるべくなら、相場が上昇傾向にあるときにしましょう。そのほうが勝率が高く、また、利益率も高いからです。

ストップ高狙いをマスターしたら、「ブレイク手法」をマスターしましょう。ブレイク手法ならトレードのタイミングが多いので、マスターすれば利益をどんどん積み上げていくことができます。

あとは、「オーバーナイトトレード」をマスターしておくといいでしょう。これは、「酒田五法」をベースにしたほうがいいと思います。

まずは、酒田五法で使える（勝率が高い）パターンとそうでないパターンを選別します。その後、使えるパターンを手法のベース、または銘柄選別の条件にします。

リスクヘッジ目的で、買いとカラ売り、両方のポジションを持つようにします。買いとカラ売りの比率については、経験を積むことで調整できるようになります。

これで大きな利益を得られるようになるはずです。

よく、**株本では「1億円」を目標にしますが、この金額も夢ではなく、現実になると思います。**

「ストップ高狙い（ストップ高銘柄の持ち越しトレード）」「ブレイク手法」「酒田五法」をベースにした「オーバーナイトトレード」をマスターする。

おわりに

株トレードの本を数十冊出していることもあって、過去に何度かセミナー講師の依頼がありました。中には、「2、3時間しゃべって数十万円」といった講師料のお話もありました。

もちろん、それなりの講義内容にして、主催者側もセミナー参加者からそれなりの参加費を頂戴するつもりだったのでしょう。

そういった話も、すべてお断りしてきました。

理由は、「人前で話すのは気を使うから」です。

私自身、1人で黙々と作業をするのが好きです。トレードも1人で黙々としますし、執筆も1人で黙々とします。

ただ、セミナーの講師をしてみたいという気持ちがまったくないわけではありません。

本書は、セミナーの講師になったつもりで書きました。講義なしで、いきなり、質疑応答になっていますが。

読者が知りたいと思っていることを先回りする形で考え、問題を作りました。そして、私のトレード・投資経験で得た知識や考え方をしっかりと書いたつもりです。

本書を読んだ方は、今から何をすれば、株トレードや株式投資で儲けられるようになるのか、わかったことでしょう。あとは、それを淡々と進めるだけです。

最後に、本書のまとめ的なことを書いておきます。

大局を読んで手法を使い分ける。

トレードで儲ける手段は、これに尽きると思います。

「相場の傾向（トレンド）を見極めて、その相場で最も儲けやすい手法を使う」ということです。

これができれば、株トレードや株式投資で利益を出すことは、けっして難しいことではありません。

ということは、「大局を読む勉強」と「手法をいくつか作る」の2点を実践すればよいわけです。本書を参考にすれば、できると思います。

株トレードや株式投資の勉強に充てられる時間はかぎられているはずです。「必要なことだけを勉強して、不要なことは勉強しない」というスタンスでがんばってください。

本書を読んで、１人でも多くの人が「儲けられるトレーダー・投資家」になれたら幸いです。

２０１７年12月18日

二階堂重人

【著者プロフィール】

二階堂重人（にかいどう・しげと）

1959年、埼玉県生まれ。専業トレーダー。サラリーマン生活のかたわら、株で「勝つための知識とテクニック」を徹底的に研究。その後、「株式投資で生計が立つ目途が明らかについた」ため、独立。テクニカル分析を駆使したデイトレードやスイングトレードが中心。株トレードで18年間生計を立てている。主な著書に、『最新版　これから始める株デイトレード』（日本文芸社）、『サラリーマンが「株で稼ぐ」一番いい方法』（三笠書房）、『ＦＸ常勝の平均足トレード』『株トレードのカラ売りのルール』（ともに、すばる舎）、『世界一わかりやすい! 株価チャート実践帳 スキャルピング編』『世界一わかりやすい! FXチャート実践帳 スキャルピング編』（ともに、あさ出版）、『小心者こそ儲かる7日間株トレード入門』（ビジネス社）などがある。

【二階堂重人の公式サイト】　http:// 二階堂重人 .com

最速で稼げる投資家になる！
株「常勝」トレーダー100の教え

2018年2月2日　初版第1刷発行

著　者　二階堂重人
編集人　岩谷健一

ISBN978‐4‐86490‐140‐6　C0033

印刷・製本　株式会社光邦